PONS

Verbtabellen Spanisch

von

Carlos Segoviano

Ernst Klett Sprachen
Barcelona • Budapest • London • Posen • Sofia • Stuttgart

PONS
Verbtabellen Spanisch

von Dr. Carlos Segoviano

Dieses Werk ist inhaltlich identisch mit
Verbtabellen Spanisch, ISBN 3-12-560985-2.

1. Auflage A 1 9 | 2005 2004 2003

erschienen im Ernst Klett Verlag GmbH, Rotebühlstraße 77,
70178 Stuttgart, 2000
Internet: http://www.pons.de
e-mail: info@pons.de

Redaktion: Regina Reinboth-Kämpf
Einbandgestaltung: Erwin Poell, Heidelberg;
Designbüro MESCH, Mannheim
Layout/Satz: Fotosatz Kaufmann, Stuttgart
Druck: Druckerei zu Altenburg, Altenburg
Printed in Germany
ISBN 3-12-560850-3

Inhalt

So benutzen Sie dieses Buch

Sie wollen sich die Formen eines bestimmten Verbs einprägen und dabei auf Besonderheiten und Unregelmäßigkeiten aufmerksam gemacht werden, Sie möchten aber auch eine seltene Verbform rasch und gezielt nachschlagen können.

Die PONS Verbtabellen Spanisch bieten Ihnen übersichtliche Konjugationstabellen zu 72 regelmäßigen und unregelmäßigen Musterverben, einem reflexiven Verb und zum Passiv. Diese Konjugationsmuster zeigen Ihnen alle Formen – auch die zusammengesetzten – auf einen Blick; auf Besonderheiten wird durch farbliche Hervorhebung und praktische Faustregeln hingewiesen.

Aufbau der Konjugationstabellen

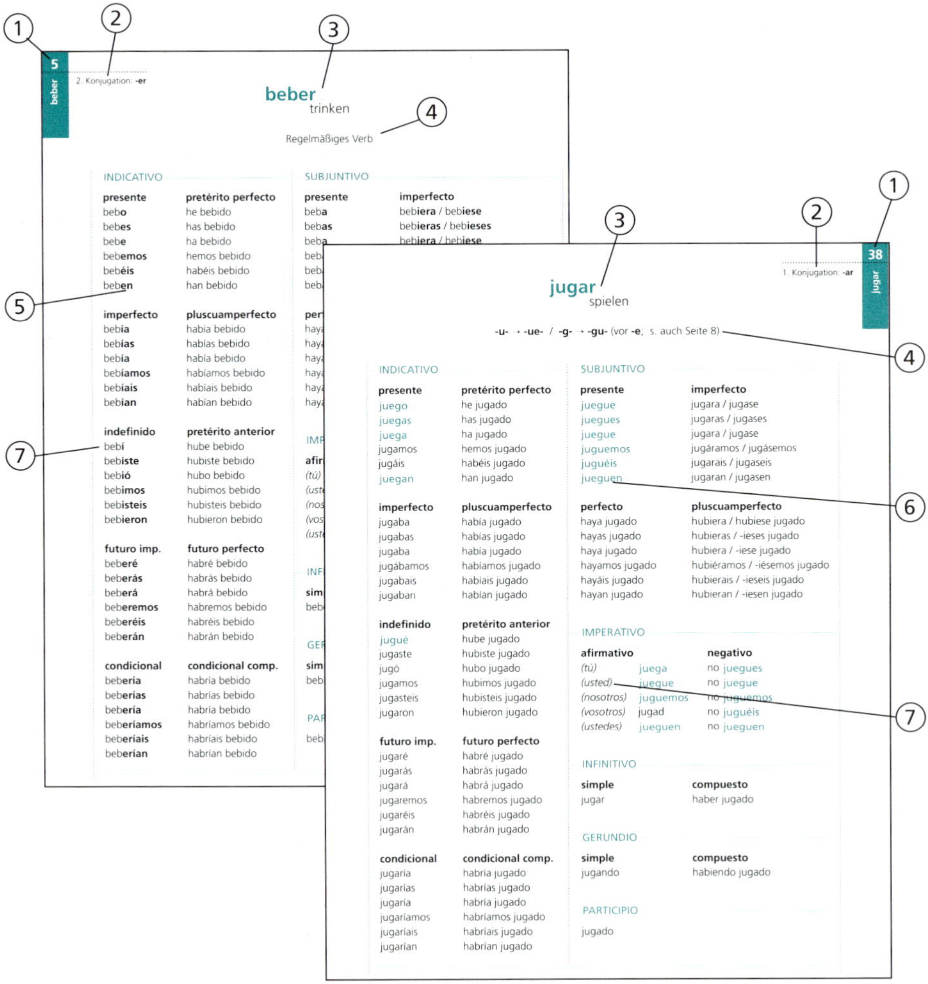

① **Konjugationsnummer:** Mit Hilfe dieser Nummer lassen sich alle in der alphabetischen Verbliste aufgeführten Verben dem jeweils entsprechenden Konjugationsmuster zuordnen.

② **Verbgruppe:** Gibt an, zu welcher der drei spanischen Verbgruppen das Musterverb gehört:

1. Konjugation: Verben auf **-ar**
2. Konjugation: Verben auf **-er**
3. Konjugation: Verben auf **-ir**

③ **Musterverb mit Übersetzung:** Verb, das exemplarisch für alle ähnlichen Verben (mit gleicher Konjugationsnummer) steht

④ **Kurzcharakteristik:** Merksatz zu den Besonderheiten/Unregelmäßigkeiten des Konjugationsmusters

⑤ **Markierung der Endungen:** Bei den regelmäßigen Musterverben der 1., 2. und 3. Konjugation (Nr. 4, 5 und 6) sind die Endungen – Kennzeichen dieser Verbgruppen – fett hervorgehoben.

⑥ **Farbliche Hervorhebung:** Bei den unregelmäßigen Verben sind alle Formen grün hervorgehoben, die vom regelmäßigen Konjugationsschema abweichen.

⑦ **Personalpronomen:** Sind nicht zusammen mit der konjugierten Form aufgeführt, da das spanische Personalpronomen (*yo, tú, usted...*) in der Regel nur dann gebraucht wird, wenn es betont werden soll. Lediglich beim Imperativ sind die Personalpronomen zur besseren Orientierung in Klammern angegeben.
Zur Erinnerung: Bei der Höflichkeitsform *(usted, ustedes)* steht das Verb in der 3. Person Singular oder Plural. Übliche Abkürzungen dazu sind *Vd., Vds.* oder auch *Ud., Uds.*

In der alphabetischen Verbliste am Ende der PONS Verbtabellen Spanisch finden Sie ca. 1.350 weitere unregelmäßige Verben mit Verweis auf das Konjugationsmuster, nach dessen Vorbild die Formen des gesuchten Verbs gebildet werden.

Übrigens: Über Besonderheiten des lateinamerikanischen Spanisch informiert Sie Seite 9. Und ab Seite 84 helfen Ihnen zahlreiche nützliche Beispiele bei der Wahl der richtigen Präpositionen für die häufigsten spanischen Verben.

Viel Erfolg!

Grammatikbegriffe in der Übersicht

Spanisch	*Lateinisch*	*Deutsch*
acento	Akzent	Betonungszeichen
acusativo	Akkusativ	Wenfall
condicional [simple]	Konditional I	Bedingungsform I
condicional comp[uesto]	Konditional II	Bedingungsform II
conjugacion	Konjugation	Beugung des Zeitworts
consonante	Konsonant	Mitlaut
dativo	Dativ	Wemfall
diptongo	Diphthong	Doppellaut
femenino	feminin	weiblich
futuro imp[erfecto]	Futur I	unvollendete Zukunft
futuro perfecto	Futur II	vollendete Zukunft
gerundio compuesto	Gerundium	Verlaufsform II
gerundio simple	Gerundium	Verlaufsform I
imperativo	Imperativ	Befehlsform
imperfecto	*s. pretérito imperfecto*	
indefinido	–	historische Vergangenheit
indicativo	Indikativ	Wirklichkeitsform
infinitivo	Infinitiv	Grundform des Zeitworts
masculino	maskulin	männlich
modo	Modus	Aussageweise
participio (perfecto)	Partizip (Perfekt)	Mittelwort der Vergangenheit
pasiva	*s. voz pasiva*	
perfecto	*s. pretérito perfecto*	
plural	Plural	Mehrzahl
pluscuamperfecto	Plusquamperfekt	Vorvergangenheit
preposición	Präposition	Verhältniswort
presente	Präsens	Gegenwart
pretérito anterior	–	historische Vergangenheit II
pretérito imperfecto	Imperfekt	unvollendete Vergangenheit
pretérito perfecto	Perfekt	vollendete Gegenwart
pronombre personal	Personalpronomen	persönliches Fürwort
régimen preposicional	Rektion	–
singular	Singular	Einzahl
subjuntivo	Konjunktiv	Möglichkeitsform
sujeto	Subjekt	Satzgegenstand
verbo	Verb	Zeitwort
verbo auxiliar	Hilfsverb	Hilfszeitwort
verbo defectivo	defektives Verb	unvollständiges Zeitwort
verbo irregular	unregelmäßiges Verb	unregelmäßiges Zeitwort
verbo reflexivo	reflexives Verb	rückbezügliches Zeitwort
verbo regular	regelmäßiges Verb	regelmäßiges Zeitwort
vocal	Vokal	Selbstlaut
voz pasiva	Passiv	Leideform

Wissenswertes zur Konjugation der spanischen Verben

3 Verbgruppen

Nach ihrer Endung werden alle spanischen Verben in drei Gruppen (Konjugationen) eingeteilt:

- 1. Konjugation: Verben auf **-ar**
- 2. Konjugation: Verben auf **-er**
- 3. Konjugation: Verben auf **-ir**

Persönliche und unpersönliche Verbformen

Das Verb hat „persönliche" und „unpersönliche" Formen.

Die persönlichen Formen können „einfach" (*Presente, Futuro, …*) oder zusammengesetzt (*Pretérito perfecto, Pluscuamperfecto, …*) sein. Die zusammengesetzten Zeiten werden im Spanischen immer mit dem Hilfsverb *haber* gebildet: *he amado, hemos corrido...*

Die unpersönlichen Formen sind: *Infinitivo* (*amar, haber amado*), *Gerundio* (*amando, habiendo amado*) und *Participio* (*amado*).

Modi und Zeiten

Das Verb weist drei verschiedene „Modi" auf: *Indicativo, Subjuntivo* und *Imperativo* (s. auch Grammatikbegriffe auf Seite 6). Das *Condicional,* früher auch als Modus betrachtet, wird heute allgemein als Teil des Indikativs gesehen.

Der Indikativ umfasst folgende Zeiten:

- *Presente*
- *Pretérito perfecto* (oder *Pretérito compuesto)*
- *Indefinido* (oder *Perfecto simple)*
- *Imperfecto (Pretérito imperfecto)*
- *Pluscuamperfecto (Pretérito pluscuamperfecto)*
- *Pretérito anterior*
- *Futuro imperfecto* (oder *Futuro simple)*
- *Futuro perfecto* (oder *Futuro compuesto)*
- *Condicional simple*
- *Condicional compuesto*

Zum Konjunktiv (*Subjuntivo*) gehören folgende Zeiten:

- *Presente*
- *Imperfecto*
- *Perfecto*
- *Pluscuamperfecto*
- *Futuro imperfecto* und *Futuro perfecto*

Auf eine ausführliche Darstellung der beiden letzten Zeiten wurde in diesem Buch verzichtet, da sie heute so gut wie nie gebraucht werden.

Die Formen des *Futuro imperfecto (de subjuntivo)* werden von der 3. Person des *Indefinido* abgeleitet und haben die Endungen **-are** bzw. **-iere**, **-ares/-ieres**, **-are/-iere**, **-áremos/-iéremos**, **-areis/-iereis**, **-aren/-ieren**, also beispielsweise: *viviere, cantare...*
Ein Sprichwort allerdings, in dem diese Verbzeit verwendet wird, ist noch immer aktuell: „Donde *fueres,* haz lo que *vieres.*" – „In Rom tue, was die Römer tun."
Das *Futuro perfecto (de subjuntivo)* wird mit Hilfe des *Futuro imperfecto* von *haber* und dem Partizip gebildet, also beispielsweise: *hubiere vivido, hubiere cantado...*

Orthographische Besonderheiten

Zahlreiche spanische Verben weisen regelmäßige orthographische Veränderungen auf, damit die Aussprache der Grundform beibehalten werden kann:

- Verben mit Endung **-car**: **-c-** → **-qu-** vor **-e**
  *ata**c**ar* → *ata**qu**e, bus**c**ar* → *bus**qu**e...*
- Verben mit Endung **-gar**: **-g-** → **-gu-** vor **-e**
  *pa**g**ar* → *pa**gu**emos, ju**g**ar* → *ju**gu**emos...*
- Verben mit Endung **-zar**: **-z-** → **-c-** vor **-e**
  *almor**z**ar* → *almuer**c**es, cru**z**ar* → *cru**c**es...*
- Verben mit Endung **-guar**: **-gu-** → **-gü-** vor **-e**
  *averi**gu**ar* → *averi**gü**é, a**gu**ar* → *a**gü**e...*
- Verben mit Endung **-cer** bzw. **-cir**: **-c-** → **-z-** vor **-a** und **-o**
  *ven**c**er* → *ven**z**a, zur**c**ir* → *zur**z**a...*
- Verben mit Endung **-ger** bzw. **-gir**: **-g-** → **-j-** vor **-a** und **-o**
  *co**g**er* → *co**j**o, diri**g**ir* → *diri**j**o...*
- Verben mit Endung **-guir**: **-gu-** → **-g-** vor **-a** und **-o**
  *se**gu**ir* → *si**g**o, distin**gu**ir* → *distin**g**o...*
- Verben mit Endung **-quir**: **-qu-** → **-c-** vor **-a** und **-o**
  *delin**qu**ir* → *delin**c**o...*

Auch die Veränderung des Akzents ist eine rein orthographische Variante, z. B. bei:

- zahlreichen Verben mit der Endung **-iar**:
  *ampl**i**ar* → *ampl**í**o, conf**i**ar* → *conf**í**as...*
- zahlreichen Verben mit der Endung **-uar**:
  *acent**u**ar* → *acent**ú**a, contin**u**ar* → *contin**ú**e...*
- oder auch bei Verben wie:
  aislar → *aíslo, poseer* → *poseíste, prohibir* → *prohíbe, rehuir* → *rehúye, reunir* → *reúne...*

Etwas über Lateinamerika

So wie man innerhalb des europäischen Spanisch Unterschiede findet (Kastilisch, Andalusisch...), bestehen auch Unterschiede im Spanischen von Mittel- und Südamerika. Es lässt sich eine Grenze ziehen zwischen dem Spanischen des „Tieflandes" (rund um die Karibik und in Teilen Südamerikas wie Argentinien, Uruguay, Chile) und dem Spanischen des „Hochlandes" (z. B. in Peru, Kolumbien und Mexiko). Diese Unterschiede betreffen in erster Linie Aussprache und Wortschatz, doch auch bezüglich der Verben gibt es einige wenige Abweichungen.

Voseo

Dieses Phänomen findet man vor allem in Argentinien und Uruguay, aber auch in Teilen Mittelamerikas: Statt *tú* wird *vos* verwendet.

Die Verbform, die mit *vos* kombiniert wird, ist von der 2. Person Plural der Verben auf **-ar** oder **-er** abgeleitet, wobei das **-i-** wegfällt: *sois* wird *sos*, *vais* wird *vas*, *hacéis* wird *hacés*. Man sagt *vos sos (= tú eres)* und *vos hacés (= tú haces).*

Ist das Personalpronomen Akkusativ- oder Dativobjekt, so wird *vos* durch *te* ersetzt. Als Possessivpronomen lautet es *tu: Y a vos, ¿cómo te va?, ¿Hablás con tu hermano?*

Der Imperativ entspricht beim *voseo* der 2. Person Plural, wobei das **-d-** wegfällt: *mirá (= mira), fijate (= fíjate), escuchame (= escúchame).*

Ustedes statt *vosotros*

Fast überall in Spanisch-Amerika wird *ustedes* statt *vosotros* gebraucht. *Ustedes* ist die Anredeform für jedermann in der Mehrzahl, sowohl im familiären Gebrauch als auch in der Höflichkeitsform.

Auch in Teilen von Andalusien, Extremadura und auf den Kanarischen Inseln wird diese Form verwendet.

Der Gebrauch des *Indefinido*

In vielen Gegenden Spanisch-Amerikas wird *Indefinido* verwendet, während man in Spanien *Pretérito perfecto* gebraucht: *¿Viste la película de Almodóvar?* anstatt *¿Has visto la película de Almodóvar?*

Loísmo

In ganz Lateinamerika gebraucht man die Formen *lo* und *los* anstatt *le* und *les* für männliche Personen im Akkusativ. Dieses Phänomen wird als *loísmo* bezeichnet und kommt auch in Spanien vor, vor allem im Süden: *¿Has visto a Juan? – Sí, lo vi ayer.*

Wortschatz

Durch die „Eroberung" Amerikas ist eine große Zahl indianischer Wörter in den Wortschatz der spanischen und auch anderer westeuropäischer Sprachen eingeflossen. Der Einfluss der Indianersprachen (z. B. *quechua* in Ecuador und Peru, *náhuatl* in Mexiko, *guaraní* in Paraguay, *mapuche* in Chile) ist auf Anhieb im Wortschatz sichtbar: *aguacate, cacao, canoa, chocolate, hamaca, huracán, maíz, papa, soroche, tabaco, tomate...*

haber

haben

Wird ausschließlich als Hilfsverb verwendet.
Hay (es gibt) ist eine unpersönliche, unveränderliche Form.

INDICATIVO

presente	pretérito perfecto
he	—
has	—
ha	ha habido
hemos	—
habéis	—
han	—

imperfecto	pluscuamperfecto
había	—
habías	—
había	había habido
habíamos	—
habíais	—
habían	—

indefinido	pretérito anterior
hube	—
hubiste	—
hubo	hubo habido
hubimos	—
hubisteis	—
hubieron	—

futuro imp.	futuro perfecto
habré	—
habrás	—
habrá	habrá habido
habremos	—
habréis	—
habrán	—

condicional	condicional comp.
habría	—
habrías	—
habría	habría habido
habríamos	—
habríais	—
habrían	—

SUBJUNTIVO

presente	imperfecto
haya	hubiera / hubiese
hayas	hubieras / hubieses
haya	hubiera / hubiese
hayamos	hubiéramos / hubiésemos
hayáis	hubierais / hubieseis
hayan	hubieran / hubiesen

perfecto	pluscuamperfecto
—	—
—	—
haya habido	hubiera / hubiese habido
—	—
—	—
—	—

IMPERATIVO

afirmativo	negativo
—	—
—	—
—	—
—	—
—	—

INFINITIVO

simple	compuesto
haber	haber habido

GERUNDIO

simple	compuesto
habiendo	habiendo habido

PARTICIPIO

habido

ser
sein

Ser wird auch für die Bildung des Passivs verwendet (s. auch Seite 17).

INDICATIVO

presente	**pretérito perfecto**
soy	he sido
eres	has sido
es	ha sido
somos	hemos sido
sois	habéis sido
son	han sido

imperfecto	**pluscuamperfecto**
era	había sido
eras	habías sido
era	había sido
éramos	habíamos sido
erais	habíais sido
eran	habían sido

indefinido	**pretérito anterior**
fui	hube sido
fuiste	hubiste sido
fue	hubo sido
fuimos	hubimos sido
fuisteis	hubisteis sido
fueron	hubieron sido

futuro imp.	**futuro perfecto**
seré	habré sido
serás	habrás sido
será	habrá sido
seremos	habremos sido
seréis	habréis sido
serán	habrán sido

condicional	**condicional comp.**
sería	habría sido
serías	habrías sido
sería	habría sido
seriamos	habríamos sido
seríais	habríais sido
serían	habrían sido

SUBJUNTIVO

presente	**imperfecto**
sea	fuera / fuese
seas	fueras / fueses
sea	fuera / fuese
seamos	fuéramos / fuésemos
seáis	fuerais / fueseis
sean	fueran / fuesen

perfecto	**pluscuamperfecto**
haya sido	hubiera / hubiese sido
hayas sido	hubieras / hubieses sido
haya sido	hubiera / hubiese sido
hayamos sido	hubiéramos / hubiésemos sido
hayáis sido	hubierais / hubieseis sido
hayan sido	hubieran / hubiesen sido

IMPERATIVO

afirmativo		**negativo**
(tú)	sé	no seas
(usted)	sea	no sea
(nosotros)	seamos	no seamos
(vosotros)	sed	no seáis
(ustedes)	sean	no sean

INFINITIVO

simple	**compuesto**
ser	haber sido

GERUNDIO

simple	**compuesto**
siendo	habiendo sido

PARTICIPIO

sido

estar

sein, sich befinden

Estar ist fast immer ein „Vollverb“.

INDICATIVO

presente	pretérito perfecto
estoy	he estado
estás	has estado
está	ha estado
estamos	hemos estado
estáis	habéis estado
están	han estado

imperfecto	pluscuamperfecto
estaba	había estado
estabas	habías estado
estaba	había estado
estábamos	habíamos estado
estabais	habíais estado
estaban	habían estado

indefinido	pretérito anterior
estuve	hube estado
estuviste	hubiste estado
estuvo	hubo estado
estuvimos	hubimos estado
estuvisteis	hubisteis estado
estuvieron	hubieron estado

futuro imp.	futuro perfecto
estaré	habré estado
estarás	habrás estado
estará	habrá estado
estaremos	habremos estado
estaréis	habréis estado
estarán	habrán estado

condicional	condicional comp.
estaría	habría estado
estarías	habrías estado
estaría	habría estado
estaríamos	habríamos estado
estaríais	habríais estado
estarían	habrían estado

SUBJUNTIVO

presente	imperfecto
esté	estuviera / estuviese
estés	estuvieras / estuvieses
esté	estuviera / estuviese
estemos	estuviéramos / estuviésemos
estéis	estuvierais / estuvieseis
estén	estuvieran / estuviesen

perfecto	pluscuamperfecto
haya estado	hubiera / hubiese estado
hayas estado	hubieras / hubieses estado
haya estado	hubiera / hubiese estado
hayamos estado	hubiéramos / hubiésemos estado
hayáis estado	hubierais / hubieseis estado
hayan estado	hubieran / hubiesen estado

IMPERATIVO

afirmativo		negativo
(tú)	está (estáte)	no estés
(usted)	esté	no esté
(nosotros)	estemos	no estemos
(vosotros)	estad	no estéis
(ustedes)	estén	no estén

INFINITIVO

simple	compuesto
estar	haber estado

GERUNDIO

simple	compuesto
estando	habiendo estado

PARTICIPIO

estado

amar

lieben

Regelmäßiges Verb

INDICATIVO

presente	pretérito perfecto
am**o**	he amado
am**as**	has amado
am**a**	ha amado
am**amos**	hemos amado
am**áis**	habéis amado
am**an**	han amado

imperfecto	pluscuamperfecto
am**aba**	había amado
am**abas**	habías amado
am**aba**	había amado
am**ábamos**	habíamos amado
am**abais**	habíais amado
am**aban**	habían amado

indefinido	pretérito anterior
am**é**	hube amado
am**aste**	hubiste amado
am**ó**	hubo amado
am**amos**	hubimos amado
am**asteis**	hubisteis amado
am**aron**	hubieron amado

futuro imp.	futuro perfecto
am**aré**	habré amado
am**arás**	habrás amado
am**ará**	habrá amado
am**aremos**	habremos amado
am**aréis**	habréis amado
am**arán**	habrán amado

condicional	condicional comp.
am**aría**	habría amado
am**arías**	habrías amado
am**aría**	habría amado
am**aríamos**	habríamos amado
am**aríais**	habríais amado
am**arían**	habrían amado

SUBJUNTIVO

presente	imperfecto
am**e**	am**ara** / am**ase**
am**es**	am**aras** / am**ases**
am**e**	am**ara** / am**ase**
am**emos**	am**áramos** / am**ásemos**
am**éis**	am**arais** / am**aseis**
am**en**	am**aran** / am**asen**

perfecto	pluscuamperfecto
haya amado	hubiera / hubiese amado
hayas amado	hubieras / hubieses amado
haya amado	hubiera / hubiese amado
hayamos amado	hubiéramos / hubiésemos amado
hayáis amado	hubierais / hubieseis amado
hayan amado	hubieran / hubiesen amado

IMPERATIVO

afirmativo		negativo
(tú)	am**a**	no am**es**
(usted)	am**e**	no am**e**
(nosotros)	am**emos**	no am**emos**
(vosotros)	am**ad**	no am**eis**
(ustedes)	am**en**	no am**en**

INFINITIVO

simple	compuesto
am**ar**	haber amado

GERUNDIO

simple	compuesto
am**ando**	habiendo amado

PARTICIPIO

am**ado**

beber
trinken

Regelmäßiges Verb

INDICATIVO

presente	pretérito perfecto
beb**o**	he bebido
beb**es**	has bebido
beb**e**	ha bebido
beb**emos**	hemos bebido
beb**éis**	habéis bebido
beb**en**	han bebido

imperfecto	pluscuamperfecto
beb**ía**	había bebido
beb**ías**	habías bebido
beb**ía**	había bebido
beb**íamos**	habíamos bebido
beb**íais**	habíais bebido
beb**ían**	habían bebido

indefinido	pretérito anterior
beb**í**	hube bebido
beb**iste**	hubiste bebido
beb**ió**	hubo bebido
beb**imos**	hubimos bebido
beb**isteis**	hubisteis bebido
beb**ieron**	hubieron bebido

futuro imp.	futuro perfecto
beber**é**	habré bebido
beber**ás**	habrás bebido
beber**á**	habrá bebido
beber**emos**	habremos bebido
beber**éis**	habréis bebido
beber**án**	habrán bebido

condicional	condicional comp.
beber**ía**	habría bebido
beber**ías**	habrías bebido
beber**ía**	habría bebido
beber**íamos**	habríamos bebido
beber**íais**	habríais bebido
beber**ían**	habrían bebido

SUBJUNTIVO

presente	imperfecto
beb**a**	beb**iera** / beb**iese**
beb**as**	beb**ieras** / beb**ieses**
beb**a**	beb**iera** / beb**iese**
beb**amos**	beb**iéramos** / beb**iésemos**
beb**áis**	beb**ierais** / beb**ieseis**
beb**an**	beb**ieran** / beb**iesen**

perfecto	pluscuamperfecto
haya bebido	hubiera / hubiese bebido
hayas bebido	hubieras / hubieses bebido
haya bebido	hubiera / hubiese bebido
hayamos bebido	hubiéramos / hubiésemos bebido
hayáis bebido	hubierais / hubieseis bebido
hayan bebido	hubieran / hubiesen bebido

IMPERATIVO

	afirmativo	negativo
(tú)	beb**e**	no beb**as**
(usted)	beb**a**	no beb**a**
(nosotros)	beb**amos**	no beb**amos**
(vosotros)	beb**ed**	no beb**áis**
(ustedes)	beb**an**	no beb**an**

INFINITIVO

simple	compuesto
beb**er**	haber bebido

GERUNDIO

simple	compuesto
beb**iendo**	habiendo bebido

PARTICIPIO

beb**ido**

vivir

leben, wohnen

Regelmäßiges Verb

INDICATIVO

presente	pretérito perfecto
viv**o**	he vivido
viv**es**	has vivido
viv**e**	ha vivido
viv**imos**	hemos vivido
viv**ís**	habéis vivido
viv**en**	han vivido

imperfecto	pluscuamperfecto
viv**ía**	había vivido
viv**ías**	habías vivido
viv**ía**	había vivido
viv**íamos**	habíamos vivido
viv**íais**	habíais vivido
viv**ían**	habían vivido

indefinido	pretérito anterior
viv**í**	hube vivido
viv**iste**	hubiste vivido
viv**ió**	hubo vivido
viv**imos**	hubimos vivido
viv**isteis**	hubisteis vivido
viv**ieron**	hubieron vivido

futuro imp.	futuro perfecto
vivi**ré**	habré vivido
vivi**rás**	habrás vivido
vivi**rá**	habrá vivido
vivi**remos**	habremos vivido
vivi**réis**	habréis vivido
vivi**rán**	habrán vivido

condicional	condicional comp.
vivi**ría**	habría vivido
vivi**rías**	habrías vivido
vivi**ría**	habría vivido
vivi**ríamos**	habríamos vivido
vivi**ríais**	habríais vivido
vivi**rían**	habrían vivido

SUBJUNTIVO

presente	imperfecto
viv**a**	viv**iera** / viv**iese**
viv**as**	viv**ieras** / viv**ieses**
viv**a**	viv**iera** / viv**iese**
viv**amos**	viv**iéramos** / viv**iésemos**
viv**áis**	viv**ierais** / viv**ieseis**
viv**an**	viv**ieran** / viv**iesen**

perfecto	pluscuamperfecto
haya vivido	hubiera / hubiese vivido
hayas vivido	hubieras / hubieses vivido
haya vivido	hubiera / hubiese vivido
hayamos vivido	hubiéramos / hubiésemos vivido
hayáis vivido	hubierais / hubieseis vivido
hayan vivido	hubieran / hubiesen vivido

IMPERATIVO

afirmativo		negativo
(tú)	viv**e**	no viv**as**
(usted)	viv**a**	no viv**a**
(nosotros)	viv**amos**	no viv**amos**
(vosotros)	viv**id**	no viv**áis**
(ustedes)	viv**an**	no viv**an**

INFINITIVO

simple	compuesto
viv**ir**	haber vivido

GERUNDIO

simple	compuesto
viv**iendo**	habiendo vivido

PARTICIPIO

viv**ido**

lavarse
sich waschen

INDICATIVO

presente	pretérito perfecto
me lavo	*me* he lavado
te lavas	*te* has lavado
se lava	*se* ha lavado
nos lavamos	*nos* hemos lavado
os laváis	*os* habéis lavado
se lavan	*se* han lavado

imperfecto	pluscuamperfecto
me lavaba	*me* había lavado
te lavabas	*te* habías lavado
se lavaba	*se* había lavado
nos lavábamos	*nos* habíamos lavado
os lavabais	*os* habíais lavado
se lavaban	*se* habían lavado

indefinido	pretérito anterior
me lavé	*me* hube lavado
te lavaste	*te* hubiste lavado
se lavó	*se* hubo lavado
nos lavamos	*nos* hubimos lavado
os lavasteis	*os* hubisteis lavado
se lavaron	*se* hubieron lavado

futuro imp.	futuro perfecto
me lavaré	*me* habré lavado
te lavarás	*te* habrás lavado
se lavará	*se* habrá lavado
nos lavaremos	*nos* habremos lavado
os lavaréis	*os* habréis lavado
se lavarán	*se* habrán lavado

condicional	condicional comp.
me lavaría	*me* habría lavado
te lavarías	*te* habrías lavado
se lavaría	*se* habría lavado
nos lavaríamos	*nos* habríamos lavado
os lavaríais	*os* habríais lavado
se lavarían	*se* habrían lavado

SUBJUNTIVO

presente	imperfecto
me lave	*me* lavara / lavase
te laves	*te* lavaras / lavases
se lave	*se* lavara / lavase
nos lavemos	*nos* laváramos / lavásemos
os lavéis	*os* lavarais / lavaseis
se laven	*se* lavaran / lavasen

perfecto	pluscuamperfecto
me haya lavado	*me* hubiera / hubiese lavado
te hayas lavado	*te* hubieras / -ieses lavado
se haya lavado	*se* hubiera / -iese lavado
nos hayamos lavado	*nos* hubiéramos / -iésemos lavado
os hayáis lavado	*os* hubierais / -ieseis lavado
se hayan lavado	*se* hubieran / -iesen lavado

IMPERATIVO

	afirmativo	negativo
(tú)	láva*te*	no *te* laves
(usted)	láve*se*	no *se* lave
(nosotros)	lavémo*nos*	no *nos* lavemos
(vosotros)	lava*os*	no *os* lavéis
(ustedes)	láven*se*	no *se* laven

INFINITIVO

simple	compuesto
lavarse	haberse lavado

GERUNDIO

simple	compuesto
lavándose	habiéndose lavado

PARTICIPIO

—

ser amado

geliebt werden

Das Passiv wird im Spanischen nicht oft gebraucht. Sehr häufig dagegen ist die Form *se dice, se cree …*
Ist das Subjekt feminin oder Plural, so richtet sich das Partizip danach: *ella fue amad***a** …

INDICATIVO

presente	**pretérito perfecto**
soy amado	*he sido* amado
eres amado	*has sido* amado
es amado	*ha sido* amado
somos amados	*hemos sido* amados
sois amados	*habéis sido* amados
son amados	*han sido* amados

imperfecto	**pluscuamperfecto**
era amado	*había sido* amado
eras amado	*habías sido* amado
era amado	*había sido* amado
éramos amados	*habíamos sido* amados
erais amados	*habíais sido* amados
eran amados	*habían sido* amados

indefinido	**pretérito anterior**
fui amado	*hube sido* amado
fuiste amado	*hubiste sido* amado
fue amado	*hubo sido* amado
fuimos amados	*hubimos sido* amados
fuisteis amados	*hubisteis sido* amados
fueron amados	*hubieron sido* amados

futuro imp.	**futuro perfecto**
seré amado	*habré sido* amado
serás amado	*habrás sido* amado
será amado	*habrá sido* amado
seremos amados	*habremos sido* amados
seréis amados	*habréis sido* amados
serán amados	*habrán sido* amados

condicional	**condicional comp.**
sería amado	*habría sido* amado
serías amado	*habrías sido* amado
sería amado	*habría sido* amado
seríamos amados	*habríamos sido* amados
seríais amados	*habríais sido* amados
serían amados	*habrían sido* amados

SUBJUNTIVO

presente	**imperfecto**
sea amado	*fuera/fuese* amado
seas amado	*fueras/fueses* amado
sea amado	*fuera/fuese* amado
seamos amados	*fuéramos/fuésemos* amados
seáis amados	*fuerais/fueseis* amados
sean amados	*fueran/fuesen* amados

perfecto	**pluscuamperfecto**
haya sido amado	*hubiera/hubiese sido* amado
hayas sido amado	*hubieras/-ieses sido* amado
haya sido amado	*hubiera/-iese sido* amado
hayamos sido amados	*hubiéramos/-iésemos sido* amados
hayáis sido amados	*hubierais/-ieseis sido* amados
hayan sido amados	*hubieran/-iesen sido* amados

IMPERATIVO

	afirmativo	**negativo**
(tú)	*sé* amado	no *seas* amado
(Vd.)	*sea* amado	no *sea* amado
(nos.)	*seamos* amados	no *seamos* amados
(vos.)	*sed* amados	no *seáis* amados
(Vds.)	*sean* amados	no *sean* amados

INFINITIVO

simple	**compuesto**
ser amado	*haber sido* amado

GERUNDIO

simple	**compuesto**
siendo amado	*habiendo sido* amado

PARTICIPIO

sido amado

actuar

handeln

-u- → **-ú-** (s. auch Seite 8)

INDICATIVO

presente	pretérito perfecto
actúo	he actuado
actúas	has actuado
actúa	ha actuado
actuamos	hemos actuado
actuáis	habéis actuado
actúan	han actuado

imperfecto	pluscuamperfecto
actuaba	había actuado
actuabas	habías actuado
actuaba	había actuado
actuábamos	habíamos actuado
actuabais	habíais actuado
actuaban	habían actuado

indefinido	pretérito anterior
actué	hube actuado
actuaste	hubiste actuado
actuó	hubo actuado
actuamos	hubimos actuado
actuasteis	hubisteis actuado
actuaron	hubieron actuado

futuro imp.	futuro perfecto
actuaré	habré actuado
actuarás	habrás actuado
actuará	habrá actuado
actuaremos	habremos actuado
actuaréis	habréis actuado
actuarán	habrán actuado

condicional	condicional comp.
actuaría	habría actuado
actuarías	habrías actuado
actuaría	habría actuado
actuaríamos	habríamos actuado
actuaríais	habríais actuado
actuarían	habrían actuado

SUBJUNTIVO

presente	imperfecto
actúe	actuara / actuase
actúes	actuaras / actuases
actúe	actuara / actuase
actuemos	actuáramos / actuásemos
actuéis	actuarais / actuaseis
actúen	actuaran / actuasen

perfecto	pluscuamperfecto
haya actuado	hubiera / hubiese actuado
hayas actuado	hubieras / -ieses actuado
haya actuado	hubiera / -iese actuado
hayamos actuado	hubiéramos / -iésemos actuado
hayáis actuado	hubierais / -ieseis actuado
hayan actuado	hubieran / -iesen actuado

IMPERATIVO

	afirmativo	negativo
(tú)	actúa	no actúes
(usted)	actúe	no actúe
(nosotros)	actuemos	no actuemos
(vosotros)	actuad	no actuéis
(ustedes)	actúen	no actúen

INFINITIVO

simple	compuesto
actuar	haber actuado

GERUNDIO

simple	compuesto
actuando	habiendo actuado

PARTICIPIO

actuado

adquirir
erwerben

-i- → -ie-

INDICATIVO

presente	**pretérito perfecto**
adquiero	he adquirido
adquieres	has adquirido
adquiere	ha adquirido
adquirimos	hemos adquirido
adquirís	habéis adquirido
adquieren	han adquirido

imperfecto	**pluscuamperfecto**
adquiría	había adquirido
adquirías	habías adquirido
adquiría	había adquirido
adquiríamos	habíamos adquirido
adquiríais	habíais adquirido
adquirían	habían adquirido

indefinido	**pretérito anterior**
adquirí	hube adquirido
adquiriste	hubiste adquirido
adquirió	hubo adquirido
adquirimos	hubimos adquirido
adquiristeis	hubisteis adquirido
adquirieron	hubieron adquirido

futuro imp.	**futuro perfecto**
adquiriré	habré adquirido
adquirirás	habrás adquirido
adquirirá	habrá adquirido
adquiriremos	habremos adquirido
adquiriréis	habréis adquirido
adquirirán	habrán adquirido

condicional	**condicional comp.**
adquiriría	habría adquirido
adquirirías	habrías adquirido
adquiriría	habría adquirido
adquiriríamos	habríamos adquirido
adquiriríais	habríais adquirido
adquirirían	habrían adquirido

SUBJUNTIVO

presente	**imperfecto**
adquiera	adquiriera / adquiriese
adquieras	adquirieras / adquirieses
adquiera	adquiriera / adquiriese
adquiramos	adquiriéramos / adquiriésemos
adquiráis	adquirierais / adquirieseis
adquieran	adquirieran / adquiriesen

perfecto	**pluscuamperfecto**
haya adquirido	hubiera / hubiese adquirido
hayas adquirido	hubieras / -ieses adquirido
haya adquirido	hubiera / -iese adquirido
hayamos adquirido	hubiéramos / -iésemos adquirido
hayáis adquirido	hubierais / -ieseis adquirido
hayan adquirido	hubieran / -iesen adquirido

IMPERATIVO

	afirmativo	**negativo**
(tú)	adquiere	no adquieras
(usted)	adquiera	no adquiera
(nosotros)	adquiramos	no adquiramos
(vosotros)	adquirid	no adquiráis
(ustedes)	adquieran	no adquieran

INFINITIVO

simple	**compuesto**
adquirir	haber adquirido

GERUNDIO

simple	**compuesto**
adquiriendo	habiendo adquirido

PARTICIPIO

adquirido

agradecer

danken

-c- → **-zc-** (vor **-a** und **-o**)

INDICATIVO

presente	pretérito perfecto
agradezco	he agradecido
agradeces	has agradecido
agradece	ha agradecido
agradecemos	hemos agradecido
agradecéis	habéis agradecido
agradecen	han agradecido

imperfecto	pluscuamperfecto
agradecía	había agradecido
agradecías	habías agradecido
agradecía	había agradecido
agradecíamos	habíamos agradecido
agradecíais	habíais agradecido
agradecían	habían agradecido

indefinido	pretérito anterior
agradecí	hube agradecido
agradeciste	hubiste agradecido
agradeció	hubo agradecido
agradecimos	hubimos agradecido
agradecisteis	hubisteis agradecido
agradecieron	hubieron agradecido

futuro imp.	futuro perfecto
agradeceré	habré agradecido
agradecerás	habrás agradecido
agradecerá	habrá agradecido
agradeceremos	habremos agradecido
agradeceréis	habréis agradecido
agradecerán	habrán agradecido

condicional	condicional comp.
agradecería	habría agradecido
agradecerías	habrías agradecido
agradecería	habría agradecido
agradeceríamos	habríamos agradecido
agradeceríais	habríais agradecido
agradecerían	habrían agradecido

SUBJUNTIVO

presente	imperfecto
agradezca	agradeciera / agradeciese
agradezcas	agradecieras / agradecieses
agradezca	agradeciera / agradeciese
agradezcamos	agradeciéramos / agradeciésemos
agradezcáis	agradecierais / agradecieseis
agradezcan	agradecieran / agradeciesen

perfecto	pluscuamperfecto
haya agradecido	hubiera / hubiese agradecido
hayas agradecido	hubieras / -ieses agradecido
haya agradecido	hubiera / -iese agradecido
hayamos agradecido	hubiéramos / -iésemos agradecido
hayáis agradecido	hubierais / -ieseis agradecido
hayan agradecido	hubieran / -iesen agradecido

IMPERATIVO

	afirmativo	negativo
(tú)	agradece	no agradezcas
(usted)	agradezca	no agradezca
(nosotros)	agradezcamos	no agradezcamos
(vosotros)	agradeced	no agradezcáis
(ustedes)	agradezcan	no agradezcan

INFINITIVO

simple	compuesto
agradecer	haber agradecido

GERUNDIO

simple	compuesto
agradeciendo	habiendo agradecido

PARTICIPIO

agradecido

almorzar

zu Mittag essen, frühstücken

-o- → **-ue-** / **-z-** → **-c-** (vor **-e**; s. auch Seite 8)

INDICATIVO

presente	**pretérito perfecto**
almuerzo	he almorzado
almuerzas	has almorzado
almuerza	ha almorzado
almorzamos	hemos almorzado
almorzáis	habéis almorzado
almuerzan	han almorzado

imperfecto	**pluscuamperfecto**
almorzaba	había almorzado
almorzabas	habías almorzado
almorzaba	había almorzado
almorzábamos	habíamos almorzado
almorzabais	habíais almorzado
almorzaban	habían almorzado

indefinido	**pretérito anterior**
almorcé	hube almorzado
almorzaste	hubiste almorzado
almorzó	hubo almorzado
almorzamos	hubimos almorzado
almorzasteis	hubisteis almorzado
almorzaron	hubieron almorzado

futuro imp.	**futuro perfecto**
almorzaré	habré almorzado
almorzarás	habrás almorzado
almorzará	habrá almorzado
almorzaremos	habremos almorzado
almorzaréis	habréis almorzado
almorzarán	habrán almorzado

condicional	**condicional comp.**
almorzaría	habría almorzado
almorzarías	habrías almorzado
almorzaría	habría almorzado
almorzaríamos	habríamos almorzado
almorzaríais	habríais almorzado
almorzarían	habrían almorzado

SUBJUNTIVO

presente	**imperfecto**
almuerce	almorzara / almorzase
almuerces	almorzaras / almorzases
almuerce	almorzara / almorzase
almorcemos	almorzáramos / almorzásemos
almorcéis	almorzarais / almorzaseis
almuercen	almorzaran / almorzasen

perfecto	**pluscuamperfecto**
haya almorzado	hubiera / hubiese almorzado
hayas almorzado	hubieras / -ieses almorzado
haya almorzado	hubiera / -iese almorzado
hayamos almorzado	hubiéramos / -iésemos almorzado
hayáis almorzado	hubierais / -ieseis almorzado
hayan almorzado	hubieran / -iesen almorzado

IMPERATIVO

afirmativo		**negativo**
(tú)	almuerza	no almuerces
(usted)	almuerce	no almuerce
(nosotros)	almorcemos	no almorcemos
(vosotros)	almorzad	no almorcéis
(ustedes)	almuercen	no almuercen

INFINITIVO

simple	**compuesto**
almorzar	haber almorzado

GERUNDIO

simple	**compuesto**
almorzando	habiendo almorzado

PARTICIPIO

almorzado

andar

gehen, laufen

INDICATIVO

presente	**pretérito perfecto**
ando	he andado
andas	has andado
anda	ha andado
andamos	hemos andado
andáis	habéis andado
andan	han andado

imperfecto	**pluscuamperfecto**
andaba	había andado
andabas	habías andado
andaba	había andado
andábamos	habíamos andado
andabais	habíais andado
andaban	habían andado

indefinido	**pretérito anterior**
anduve	hube andado
anduviste	hubiste andado
anduvo	hubo andado
anduvimos	hubimos andado
anduvisteis	hubisteis andado
anduvieron	hubieron andado

futuro imp.	**futuro perfecto**
andaré	habré andado
andarás	habrás andado
andará	habrá andado
andaremos	habremos andado
andaréis	habréis andado
andarán	habrán andado

condicional	**condicional comp.**
andaría	habría andado
andarías	habrías andado
andaría	habría andado
andaríamos	habríamos andado
andaríais	habríais andado
andarían	habrían andado

SUBJUNTIVO

presente	**imperfecto**
ande	anduviera / anduviese
andes	anduvieras / anduvieses
ande	anduviera / anduviese
andemos	anduviéramos / anduviésemos
andéis	anduvierais / anduviesen
anden	anduvieran / anduviesen

perfecto	**pluscuamperfecto**
haya andado	hubiera / hubiese andado
hayas andado	hubieras / -ieses andado
haya andado	hubiera / -iese andado
hayamos andado	hubiéramos / -iésemos andado
hayáis andado	hubierais / -ieseis andado
hayan andado	hubieran / -iesen andado

IMPERATIVO

afirmativo		**negativo**
(tú)	anda	no andes
(usted)	ande	no ande
(nosotros)	andemos	no andemos
(vosotros)	andad	no andéis
(ustedes)	anden	no anden

INFINITIVO

simple	**compuesto**
andar	haber andado

GERUNDIO

simple	**compuesto**
andando	habiendo andado

PARTICIPIO

andado

argüir

argumentieren, anführen

-u- → -uy- / -ü- → -u-

INDICATIVO

presente	pretérito perfecto
arguyo	he argüido
arguyes	has argüido
arguye	ha argüido
argüimos	hemos argüido
argüís	habéis argüido
arguyen	han argüido

imperfecto	pluscuamperfecto
argüía	había argüido
argüías	habías argüido
argüía	había argüido
argüíamos	habíamos argüido
argüíais	habíais argüido
argüían	habían argüido

indefinido	pretérito anterior
argüí	hube argüido
argüiste	hubiste argüido
arguyó	hubo argüido
argüimos	hubimos argüido
argüisteis	hubisteis argüido
arguyeron	hubieron argüido

futuro imp.	futuro perfecto
argüiré	habré argüido
argüirás	habrás argüido
argüirá	habrá argüido
argüiremos	habremos argüido
argüiréis	habréis argüido
argüirán	habrán argüido

condicional	condicional comp.
argüiría	habría argüido
argüirías	habrías argüido
argüiría	habría argüido
argüiríamos	habríamos argüido
argüiríais	habríais argüido
argüirían	habrían argüido

SUBJUNTIVO

presente	imperfecto
arguya	arguyera / arguyese
arguyas	arguyeras / arguyeses
arguya	arguyera / arguyese
arguyamos	arguyéramos / arguyeseis
arguyáis	arguyerais / arguyeseis
arguyan	arguyeran / arguyesen

perfecto	pluscuamperfecto
haya argüido	hubiera / hubiese argüido
hayas argüido	hubieras / -ieses argüido
haya argüido	hubiera / -iese argüido
hayamos argüido	hubiéramos / -iésemos argüido
hayáis argüido	hubierais / -ieseis argüido
hayan argüido	hubieran / -iesen argüido

IMPERATIVO

afirmativo		negativo
(tú)	arguye	no arguyas
(usted)	arguya	no arguya
(nosotros)	arguyamos	no arguyamos
(vosotros)	argüid	no arguyáis
(ustedes)	arguyan	no arguyan

INFINITIVO

simple	compuesto
argüir	haber argüido

GERUNDIO

simple	compuesto
arguyendo	habiendo argüido

PARTICIPIO

argüido

atacar

angreifen

-c- → **-qu-** (vor **-e**; s. auch Seite 8)

INDICATIVO

presente	**pretérito perfecto**
ataco	he atacado
atacas	has atacado
ataca	ha atacado
atacamos	hemos atacado
atacáis	habéis atacado
atacan	han atacado

imperfecto	**pluscuamperfecto**
atacaba	había atacado
atacabas	habías atacado
atacaba	había atacado
atacábamos	habíamos atacado
atacabais	habíais atacado
atacaban	habían atacado

indefinido	**pretérito anterior**
ataqué	hube atacado
atacaste	hubiste atacado
atacó	hubo atacado
atacamos	hubimos atacado
atacasteis	hubisteis atacado
atacaron	hubieron atacado

futuro imp.	**futuro perfecto**
atacaré	habré atacado
atacarás	habrás atacado
atacará	habrá atacado
atacaremos	habremos atacado
atacaréis	habréis atacado
atacarán	habrán atacado

condicional	**condicional comp.**
atacaría	habría atacado
atacarías	habrías atacado
atacaría	habría atacado
atacaríamos	habríamos atacado
atacaríais	habríais atacado
atacarían	habrían atacado

SUBJUNTIVO

presente	**imperfecto**
ataque	atacara / atacase
ataques	atacaras / atacases
ataque	atacara / atacase
ataquemos	atacáramos / atacásemos
ataquéis	atacarais / atacaseis
ataquen	atacaran / atacasen

perfecto	**pluscuamperfecto**
haya atacado	hubiera / hubiese atacado
hayas atacado	hubieras / -ieses atacado
haya atacado	hubiera / -iese atacado
hayamos atacado	hubiéramos / -iésemos atacado
hayáis atacado	hubierais / -ieseis atacado
hayan atacado	hubieran / -iesen atacado

IMPERATIVO

	afirmativo	**negativo**
(tú)	ataca	no ataques
(usted)	ataque	no ataque
(nosotros)	ataquemos	no ataquemos
(vosotros)	atacad	no ataquéis
(ustedes)	ataquen	no ataquen

INFINITIVO

simple	**compuesto**
atacar	haber atacado

GERUNDIO

simple	**compuesto**
atacando	habiendo atacado

PARTICIPIO

atacado

avergonzar

beschämen

-go- → **-güe-** / **-z-** → **-c-** (vor **-e**; s. auch Seite 8)

INDICATIVO

presente	pretérito perfecto
avergüenzo	he avergonzado
avergüenzas	has avergonzado
avergüenza	ha avergonzado
avergonzamos	hemos avergonzado
avergonzáis	habéis avergonzado
avergüenzan	han avergonzado

imperfecto	pluscuamperfecto
avergonzaba	había avergonzado
avergonzabas	habías avergonzado
avergonzaba	había avergonzado
avergonzábamos	habíamos avergonzado
avergonzabais	habíais avergonzado
avergonzaban	habían avergonzado

indefinido	pretérito anterior
avergoncé	hube avergonzado
avergonzaste	hubiste avergonzado
avergonzó	hubo avergonzado
avergonzamos	hubimos avergonzado
avergonzasteis	hubisteis avergonzado
avergonzaron	hubieron avergonzado

futuro imp.	futuro perfecto
avergonzaré	habré avergonzado
avergonzarás	habrás avergonzado
avergonzará	habrá avergonzado
avergonzaremos	habremos avergonzado
avergonzaréis	habréis avergonzado
avergonzarán	habrán avergonzado

condicional	condicional comp.
avergonzaría	habría avergonzado
avergonzarías	habrías avergonzado
avergonzaría	habría avergonzado
avergonzaríamos	habríamos avergonzado
avergonzaríais	habríais avergonzado
avergonzarían	habrían avergonzado

SUBJUNTIVO

presente	imperfecto
avergüence	avergonzara/avergonzase
avergüences	avergonzaras/avergonzases
avergüence	avergonzara/avergonzase
avergoncemos	avergonzáramos/avergonzásemos
avergoncéis	avergonzarais/avergonzaseis
avergüencen	avergonzaran/avergonzasen

perfecto	pluscuamperfecto
haya avergonzado	hubiera/hubiese avergonzado
hayas avergonzado	hubieras/-ieses avergonzado
haya avergonzado	hubiera/-iese avergonzado
hayamos avergonzado	hubiéramos/-iésemos avergonzado
hayáis avergonzado	hubierais/-ieseis avergonzado
hayan avergonzado	hubieran/-iesen avergonzado

IMPERATIVO

	afirmativo	negativo
(tú)	avergüenza	no avergüences
(usted)	avergüence	no avergüence
(nosotros)	avergoncemos	no avergoncemos
(vosotros)	avergonzad	no avergoncéis
(ustedes)	avergüencen	no avergüencen

INFINITIVO

simple	compuesto
avergonzar	haber avergonzado

GERUNDIO

simple	compuesto
avergonzando	habiendo avergonzado

PARTICIPIO

avergonzado

averiguar

ermitteln, erforschen

-gu- → **-gü-** (vor **-e**)

INDICATIVO

presente	**pretérito perfecto**
averiguo	he averiguado
averiguas	has averiguado
averigua	ha averiguado
averiguamos	hemos averiguado
averiguáis	habéis averiguado
averiguan	han averiguado

imperfecto	**pluscuamperfecto**
averiguaba	había averiguado
averiguabas	habías averiguado
averiguaba	había averiguado
averiguábamos	habíamos averiguado
averiguabais	habíais averiguado
averiguaban	habían averiguado

indefinido	**pretérito anterior**
averigüé	hube averiguado
averiguaste	hubiste averiguado
averiguó	hubo averiguado
averiguamos	hubimos averiguado
averiguasteis	hubisteis averiguado
averiguaron	hubieron averiguado

futuro imp.	**futuro perfecto**
averiguaré	habré averiguado
averiguarás	habrás averiguado
averiguará	habrá averiguado
averiguaremos	habremos averiguado
averiguaréis	habréis averiguado
averiguarán	habrán averiguado

condicional	**condicional comp.**
averiguaría	habría averiguado
averiguarías	habrías averiguado
averiguaría	habría averiguado
averiguaríamos	habríamos averiguado
averiguaríais	habríais averiguado
averiguarían	habrían averiguado

SUBJUNTIVO

presente	**imperfecto**
averigüe	averiguara / averiguase
averigües	averiguaras / averiguases
averigüe	averiguara / averiguase
averigüemos	averiguáramos / averiguásemos
averigüéis	averiguarais / averiguaseis
averigüen	averiguaran / averiguasen

perfecto	**pluscuamperfecto**
haya averiguado	hubiera / hubiese averiguado
hayas averiguado	hubieras / -ieses averiguado
haya averiguado	hubiera / -iese averiguado
hayamos averiguado	hubiéramos / -iésemos averiguado
hayáis averiguado	hubierais / -ieseis averiguado
hayan averiguado	hubieran / -iesen averiguado

IMPERATIVO

afirmativo		**negativo**
(tú)	averigua	no averigües
(usted)	averigüe	no averigüe
(nosotros)	averigüemos	no averigüemos
(vosotros)	averiguad	no averigüéis
(ustedes)	averigüen	no averigüen

INFINITIVO

simple	**compuesto**
averiguar	haber averiguado

GERUNDIO

simple	**compuesto**
averiguando	habiendo averiguado

PARTICIPIO

averiguado

caber
(hinein)passen

INDICATIVO

presente	pretérito perfecto
quepo	he cabido
cabes	has cabido
cabe	ha cabido
cabemos	hemos cabido
cabéis	habéis cabido
caben	han cabido

imperfecto	pluscuamperfecto
cabía	había cabido
cabías	habías cabido
cabía	había cabido
cabíamos	habíamos cabido
cabíais	habíais cabido
cabían	habían cabido

indefinido	pretérito anterior
cupe	hube cabido
cupiste	hubiste cabido
cupo	hubo cabido
cupimos	hubimos cabido
cupisteis	hubisteis cabido
cupieron	hubieron cabido

futuro imp.	futuro perfecto
cabré	habré cabido
cabrás	habrás cabido
cabrá	habrá cabido
cabremos	habremos cabido
cabréis	habréis cabido
cabrán	habrán cabido

condicional	condicional comp.
cabría	habría cabido
cabrías	habrías cabido
cabría	habría cabido
cabríamos	habríamos cabido
cabríais	habríais cabido
cabrían	habrían cabido

SUBJUNTIVO

presente	imperfecto
quepa	cupiera / cupiese
quepas	cupieras / cupieses
quepa	cupiera / cupiese
quepamos	cupiéramos / cupiésemos
quepáis	cupierais / cupieseis
quepan	cupieran / cupiesen

perfecto	pluscuamperfecto
haya cabido	hubiera / hubiese cabido
hayas cabido	hubieras / -ieses cabido
haya cabido	hubiera / -iese cabido
hayamos cabido	hubiéramos / -iésemos cabido
hayáis cabido	hubierais / -ieseis cabido
hayan cabido	hubieran / -iesen cabido

IMPERATIVO

	afirmativo	negativo
(tú)	cabe	no quepas
(usted)	quepa	no quepa
(nosotros)	quepamos	no quepamos
(vosotros)	cabed	no quepáis
(ustedes)	quepan	no quepan

INFINITIVO

simple	compuesto
caber	haber cabido

GERUNDIO

simple	compuesto
cabiendo	habiendo cabido

PARTICIPIO

cabido

caer
fallen

Im Spanischen ist die Reflexivform *(caerse)* die üblichste.

INDICATIVO

presente	**pretérito perfecto**
caigo	he caído
caes	has caído
cae	ha caído
caemos	hemos caído
caéis	habéis caído
caen	han caído

imperfecto	**pluscuamperfecto**
caía	había caído
caías	habías caído
caía	había caído
caíamos	habíamos caído
caíais	habíais caído
caían	habían caído

indefinido	**pretérito anterior**
caí	hube caído
caíste	hubiste caído
cayó	hubo caído
caímos	hubimos caído
caísteis	hubisteis caído
cayeron	hubieron caído

futuro imp.	**futuro perfecto**
caeré	habré caído
caerás	habrás caído
caerá	habrá caído
caeremos	habremos caído
caeréis	habréis caído
caerán	habrán caído

condicional	**condicional comp.**
caería	habría caído
caerías	habrías caído
caería	habría caído
caeríamos	habríamos caído
caeríais	habríais caído
caerían	habrían caído

SUBJUNTIVO

presente	**imperfecto**
caiga	cayera / cayese
caigas	cayeras / cayeses
caiga	cayera / cayese
caigamos	cayéramos / cayésemos
caigáis	cayerais / cayeseis
caigan	cayeran / cayesen

perfecto	**pluscuamperfecto**
haya caído	hubiera / hubiese caído
hayas caído	hubieras / -ieses caído
haya caído	hubiera / -iese caído
hayamos caído	hubiéramos / -iésemos caído
hayáis caído	hubierais / -ieseis caído
hayan caído	hubieran / -iesen caído

IMPERATIVO

afirmativo		**negativo**
(tú)	cae	no caigas
(usted)	caiga	no caiga
(nosotros)	caigamos	no caigamos
(vosotros)	caed	no caigáis
(ustedes)	caigan	no caigan

INFINITIVO

simple	**compuesto**
caer	haber caído

GERUNDIO

simple	**compuesto**
cayendo	habiendo caído

PARTICIPIO

caído

coger
nehmen, fassen

-g- → **-j-** (vor **-a** und **-o**; s. auch Seite 8)

INDICATIVO

presente	pretérito perfecto
cojo	he cogido
coges	has cogido
coge	ha cogido
cogemos	hemos cogido
cogéis	habéis cogido
cogen	han cogido

imperfecto	pluscuamperfecto
cogía	había cogido
cogías	habías cogido
cogía	había cogido
cogíamos	habíamos cogido
cogíais	habíais cogido
cogían	habían cogido

indefinido	pretérito anterior
cogí	hube cogido
cogiste	hubiste cogido
cogió	hubo cogido
cogimos	hubimos cogido
cogisteis	hubisteis cogido
cogieron	hubieron cogido

futuro imp.	futuro perfecto
cogeré	habré cogido
cogerás	habrás cogido
cogerá	habrá cogido
cogeremos	habremos cogido
cogeréis	habréis cogido
cogerán	habrán cogido

condicional	condicional comp.
cogería	habría cogido
cogerías	habrías cogido
cogería	habría cogido
cogeríamos	habríamos cogido
cogeríais	habríais cogido
cogerían	habrían cogido

SUBJUNTIVO

presente	imperfecto
coja	cogiera / cogiese
cojas	cogieras / cogieses
coja	cogiera / cogiese
cojamos	cogiéramos / cogiésemos
cojáis	cogierais / cogieseis
cojan	cogieran / cogiesen

perfecto	pluscuamperfecto
haya cogido	hubiera / hubiese cogido
hayas cogido	hubieras / -ieses cogido
haya cogido	hubiera / -iese cogido
hayamos cogido	hubiéramos / -iésemos cogido
hayáis cogido	hubierais / -ieseis cogido
hayan cogido	hubieran / -iesen cogido

IMPERATIVO

	afirmativo	negativo
(tú)	coge	no cojas
(usted)	coja	no coja
(nosotros)	cojamos	no cojamos
(vosotros)	coged	no cojáis
(ustedes)	cojan	no cojan

INFINITIVO

simple	compuesto
coger	haber cogido

GERUNDIO

simple	compuesto
cogiendo	habiendo cogido

PARTICIPIO

cogido

conducir

führen, fahren

-c- → **-zc-** (vor **-a** und **-o**) / **-c-** → **-j-**

INDICATIVO

presente	pretérito perfecto
conduzco	he conducido
conduces	has conducido
conduce	ha conducido
conducimos	hemos conducido
conducís	habéis conducido
conducen	han conducido

imperfecto	pluscuamperfecto
conducía	había conducido
conducías	habías conducido
conducía	había conducido
conducíamos	habíamos conducido
conducíais	habíais conducido
conducían	habían conducido

indefinido	pretérito anterior
conduje	hube conducido
condujiste	hubiste conducido
condujo	hubo conducido
condujimos	hubimos conducido
condujisteis	hubisteis conducido
condujeron	hubieron conducido

futuro imp.	futuro perfecto
conduciré	habré conducido
conducirás	habrás conducido
conducirá	habrá conducido
conduciremos	habremos conducido
conduciréis	habréis conducido
conducirán	habrán conducido

condicional	condicional comp.
conduciría	habría conducido
conducirías	habrías conducido
conduciría	habría conducido
conduciríamos	habríamos conducido
conduciríais	habríais conducido
conducirían	habrían conducido

SUBJUNTIVO

presente	imperfecto
conduzca	condujera / condujese
conduzcas	condujeras / condujeses
conduzca	condujera / condujese
conduzcamos	condujéramos / condujésemos
conduzcáis	condujerais / condujeseis
conduzcan	condujeran / condujesen

perfecto	pluscuamperfecto
haya conducido	hubiera / hubiese conducido
hayas conducido	hubieras / -ieses conducido
haya conducido	hubiera / -iese conducido
hayamos conducido	hubiéramos / -iésemos conducido
hayáis conducido	hubierais / -ieseis conducido
hayan conducido	hubieran / -iesen conducido

IMPERATIVO

	afirmativo	negativo
(tú)	conduce	no conduzcas
(usted)	conduzca	no conduzca
(nosotros)	conduzcamos	no conduzcamos
(vosotros)	conducid	no conduzcáis
(ustedes)	conduzcan	no conduzcan

INFINITIVO

simple	compuesto
conducir	haber conducido

GERUNDIO

simple	compuesto
conduciendo	habiendo conducido

PARTICIPIO

conducido

confiar

vertrauen

-i- → **-í-** (s. auch Seite 8)

INDICATIVO

presente	pretérito perfecto
confío	he confiado
confías	has confiado
confía	ha confiado
confiamos	hemos confiado
confiáis	habéis confiado
confían	han confiado

imperfecto	pluscuamperfecto
confiaba	había confiado
confiabas	habías confiado
confiaba	había confiado
confiábamos	habíamos confiado
confiabais	habíais confiado
confiaban	habían confiado

indefinido	pretérito anterior
confié	hube confiado
confiaste	hubiste confiado
confió	hubo confiado
confiamos	hubimos confiado
confiasteis	hubisteis confiado
confiaron	hubieron confiado

futuro imp.	futuro perfecto
confiaré	habré confiado
confiarás	habrás confiado
confiará	habrá confiado
confiaremos	habremos confiado
confiaréis	habréis confiado
confiarán	habrán confiado

condicional	condicional comp.
confiaría	habría confiado
confiarías	habrías confiado
confiaría	habría confiado
confiaríamos	habríamos confiado
confiaríais	habríais confiado
confiarían	habrían confiado

SUBJUNTIVO

presente	imperfecto
confíe	confiara / confiase
confíes	confiaras / confiases
confíe	confiara / confiase
confiemos	confiáramos / confiásemos
confiéis	confiarais / confiaseis
confíen	confiaran / confiasen

perfecto	pluscuamperfecto
haya confiado	hubiera / hubiese confiado
hayas confiado	hubieras / -ieses confiado
haya confiado	hubiera / -iese confiado
hayamos confiado	hubiéramos / -iésemos confiado
hayáis confiado	hubierais / -ieseis confiado
hayan confiado	hubieran / -iesen confiado

IMPERATIVO

	afirmativo	negativo
(tú)	confía	no confíes
(usted)	confíe	no confíe
(nosotros)	confiemos	no confiemos
(vosotros)	confiad	no confiéis
(ustedes)	confíen	no confíen

INFINITIVO

simple	compuesto
confiar	haber confiado

GERUNDIO

simple	compuesto
confiando	habiendo confiado

PARTICIPIO

confiado

conocer

kennen(lernen)

-c- → **-zc-** (vor **-a** und **-o**)

INDICATIVO

presente	pretérito perfecto
conozco	he conocido
conoces	has conocido
conoce	ha conocido
conocemos	hemos conocido
conocéis	habéis conocido
conocen	han conocido

imperfecto	pluscuamperfecto
conocía	había conocido
conocías	habías conocido
conocía	había conocido
conocíamos	habíamos conocido
conocíais	habíais conocido
conocían	habían conocido

indefinido	pretérito anterior
conocí	hube conocido
conociste	hubiste conocido
conoció	hubo conocido
conocimos	hubimos conocido
conocisteis	hubisteis conocido
conocieron	hubieron conocido

futuro imp.	futuro perfecto
conoceré	habré conocido
conocerás	habrás conocido
conocerá	habrá conocido
conoceremos	habremos conocido
conoceréis	habréis conocido
conocerán	habrán conocido

condicional	condicional comp.
conocería	habría conocido
conocerías	habrías conocido
conocería	habría conocido
conoceríamos	habríamos conocido
conoceríais	habríais conocido
conocerían	habrían conocido

SUBJUNTIVO

presente	imperfecto
conozca	conociera / conociese
conozcas	conocieras / conocieses
conozca	conociera / conociese
conozcamos	conociéramos / conociésemos
conozcáis	conocierais / conocieseis
conozcan	conocieran / conociesen

perfecto	pluscuamperfecto
haya conocido	hubiera / hubiese conocido
hayas conocido	hubieras / -ieses conocido
haya conocido	hubiera / -iese conocido
hayamos conocido	hubiéramos / -iésemos conocido
hayáis conocido	hubierais / -ieseis conocido
hayan conocido	hubieran / -iesen conocido

IMPERATIVO

	afirmativo	negativo
(tú)	conoce	no conozcas
(usted)	conozca	no conozca
(nosotros)	conozcamos	no conozcamos
(vosotros)	conoced	no conozcáis
(ustedes)	conozcan	no conozcan

INFINITIVO

simple	compuesto
conocer	haber conocido

GERUNDIO

simple	compuesto
conociendo	habiendo conocido

PARTICIPIO

conocido

construir

bauen

-u- → -uy-

INDICATIVO

presente	pretérito perfecto
construyo	he construido
construyes	has construido
construye	ha construido
construimos	hemos construido
construís	habéis construido
construyen	han construido

imperfecto	pluscuamperfecto
construía	había construido
construías	habías construido
construía	había construido
construíamos	habíamos construido
construíais	habíais construido
construían	habían construido

indefinido	pretérito anterior
construí	hube construido
construiste	hubiste construido
construyó	hubo construido
construimos	hubimos construido
construisteis	hubisteis construido
construyeron	hubieron construido

futuro imp.	futuro perfecto
construiré	habré construido
construirás	habrás construido
construirá	habrá construido
construiremos	habremos construido
construiréis	habréis construido
construirán	habrán construido

condicional	condicional comp.
construiría	habría construido
construirías	habrías construido
construiría	habría construido
construiríamos	habríamos construido
constuiríais	habríais construido
construirían	habrían construido

SUBJUNTIVO

presente	imperfecto
construya	construyera/construyese
construyas	construyeras/construyeses
construya	construyera/construyese
construyamos	construyéramos/construyésemos
construyáis	construyerais/construyeseis
construyan	construyeran/construyesen

perfecto	pluscuamperfecto
haya construido	hubiera/hubiese construido
hayas construido	hubieras/-ieses construido
haya construido	hubiera/-iese construido
hayamos construido	hubiéramos/-iésemos construido
hayáis construido	hubierais/-ieseis construido
hayan construido	hubieran/-iesen construido

IMPERATIVO

afirmativo		negativo
(tú)	construye	no construyas
(usted)	construya	no construya
(nosotros)	construyamos	no construyamos
(vosotros)	construid	no construyáis
(ustedes)	construyan	no construyan

INFINITIVO

simple	compuesto
construir	haber construido

GERUNDIO

simple	compuesto
construyendo	habiendo construido

PARTICIPIO

construido

contar

zählen, erzählen

-o- → -ue-

INDICATIVO

presente	**pretérito perfecto**
cuento	he contado
cuentas	has contado
cuenta	ha contado
contamos	hemos contado
contáis	habéis contado
cuentan	han contado

imperfecto	**pluscuamperfecto**
contaba	había contado
contabas	habías contado
contaba	había contado
contábamos	habíamos contado
contabais	habíais contado
contaban	habían contado

indefinido	**pretérito anterior**
conté	hube contado
contaste	hubiste contado
contó	hubo contado
contamos	hubimos contado
contasteis	hubisteis contado
contaron	hubieron contado

futuro imp.	**futuro perfecto**
contaré	habré contado
contarás	habrás contado
contará	habrá contado
contaremos	habremos contado
contaréis	habréis contado
contarán	habrán contado

condicional	**condicional comp.**
contaría	habría contado
contarías	habrías contado
contaría	habría contado
contaríamos	habríamos contado
contaríais	habríais contado
contarían	habrían contado

SUBJUNTIVO

presente	**imperfecto**
cuente	contara / contase
cuentes	contaras / contases
cuente	contara / contase
contemos	contáramos / contásemos
contéis	contarais / contaseis
cuenten	contaran / contasen

perfecto	**pluscuamperfecto**
haya contado	hubiera / hubiese contado
hayas contado	hubieras / -ieses contado
haya contado	hubiera / -iese contado
hayamos contado	hubiéramos / -iésemos contado
hayáis contado	hubierais / -ieseis contado
hayan contado	hubieran / -iesen contado

IMPERATIVO

afirmativo		**negativo**
(tú)	cuenta	no cuentes
(usted)	cuente	no cuente
(nosotros)	contemos	no contemos
(vosotros)	contad	no contéis
(ustedes)	cuenten	no cuenten

INFINITIVO

simple	**compuesto**
contar	haber contado

GERUNDIO

simple	**compuesto**
contando	habiendo contado

PARTICIPIO

contado

cruzar

kreuzen, überqueren

-z- → **-c-** (vor **-e**; s. auch Seite 8)

INDICATIVO

presente	pretérito perfecto
cruzo	he cruzado
cruzas	has cruzado
cruza	ha cruzado
cruzamos	hemos cruzado
cruzáis	habéis cruzado
cruzan	han cruzado

imperfecto	pluscuamperfecto
cruzaba	había cruzado
cruzabas	habías cruzado
cruzaba	había cruzado
cruzábamos	habíamos cruzado
cruzabais	habíais cruzado
cruzaban	habían cruzado

indefinido	pretérito anterior
crucé	hube cruzado
cruzaste	hubiste cruzado
cruzó	hubo cruzado
cruzamos	hubimos cruzado
cruzasteis	hubisteis cruzado
cruzaron	hubieron cruzado

futuro imp.	futuro perfecto
cruzaré	habré cruzado
cruzarás	habrás cruzado
cruzará	habrá cruzado
cruzaremos	habremos cruzado
cruzaréis	habréis cruzado
cruzarán	habrán cruzado

condicional	condicional comp.
cruzaría	habría cruzado
cruzarías	habrías cruzado
cruzaría	habría cruzado
cruzaríamos	habríamos cruzado
cruzaríais	habríais cruzado
cruzarían	habrían cruzado

SUBJUNTIVO

presente	imperfecto
cruce	cruzara / cruzase
cruces	cruzaras / cruzases
cruce	cruzara / cruzase
crucemos	cruzáramos / cruzásemos
crucéis	cruzarais / cruzaseis
crucen	cruzaran / cruzasen

perfecto	pluscuamperfecto
haya cruzado	hubiera / hubiese cruzado
hayas cruzado	hubieras / -ieses cruzado
haya cruzado	hubiera / -iese cruzado
hayamos cruzado	hubiéramos / -iésemos cruzado
hayáis cruzado	hubierais / -ieseis cruzado
hayan cruzado	hubieran / -iesen cruzado

IMPERATIVO

afirmativo		negativo
(tú)	cruza	no cruces
(usted)	cruce	no cruce
(nosotros)	crucemos	no crucemos
(vosotros)	cruzad	no crucéis
(ustedes)	crucen	no crucen

INFINITIVO

simple	compuesto
cruzar	haber cruzado

GERUNDIO

simple	compuesto
cruzando	habiendo cruzado

PARTICIPIO

cruzado

dar
geben

INDICATIVO

presente	pretérito perfecto
doy	he dado
das	has dado
da	ha dado
damos	hemos dado
dais	habéis dado
dan	han dado

imperfecto	pluscuamperfecto
daba	había dado
dabas	habías dado
daba	había dado
dábamos	habíamos dado
dabais	habíais dado
daban	habían dado

indefinido	pretérito anterior
di	hube dado
diste	hubiste dado
dio	hubo dado
dimos	hubimos dado
disteis	hubisteis dado
dieron	hubieron dado

futuro imp.	futuro perfecto
daré	habré dado
darás	habrás dado
dará	habrá dado
daremos	habremos dado
daréis	habréis dado
darán	habrán dado

condicional	condicional comp.
daría	habría dado
darías	habrías dado
daría	habría dado
daríamos	habríamos dado
daríais	habríais dado
darían	habrían dado

SUBJUNTIVO

presente	imperfecto
dé	diera / diese
des	dieras / dieses
dé	diera / diese
demos	diéramos / diésemos
deis	dierais / dieseis
den	dieran / diesen

perfecto	pluscuamperfecto
haya dado	hubiera / hubiese dado
hayas dado	hubieras / -ieses dado
haya dado	hubiera / -iese dado
hayamos dado	hubiéramos / -iésemos dado
hayáis dado	hubierais / -ieseis dado
hayan dado	hubieran / -iesen dado

IMPERATIVO

afirmativo		negativo
(tú)	da	no des
(usted)	dé	no dé
(nosotros)	demos	no demos
(vosotros)	dad	no deis
(ustedes)	den	no den

INFINITIVO

simple	compuesto
dar	haber dado

GERUNDIO

simple	compuesto
dando	habiendo dado

PARTICIPIO

dado

decir

sagen

-e- → -i- / -ec- → -ig-, -ij-

INDICATIVO

presente	pretérito perfecto
digo	he dicho
dices	has dicho
dice	ha dicho
decimos	hemos dicho
decís	habéis dicho
dicen	han dicho

imperfecto	pluscuamperfecto
decía	había dicho
decías	habías dicho
decía	había dicho
decíamos	habíamos dicho
decíais	habíais dicho
decían	habían dicho

indefinido	pretérito anterior
dije	hube dicho
dijiste	hubiste dicho
dijo	hubo dicho
dijimos	hubimos dicho
dijisteis	hubisteis dicho
dijeron	hubieron dicho

futuro imp.	futuro perfecto
diré	habré dicho
dirás	habrás dicho
dirá	habrá dicho
diremos	habremos dicho
diréis	habréis dicho
dirán	habrán dicho

condicional	condicional comp.
diría	habría dicho
dirías	habrías dicho
diría	habría dicho
diríamos	habríamos dicho
diríais	habríais dicho
dirían	habrían dicho

SUBJUNTIVO

presente	imperfecto
diga	dijera / dijese
digas	dijeras / dijeses
diga	dijera / dijese
digamos	dijéramos / dijésemos
digáis	dijerais / dijeseis
digan	dijeran / dijesen

perfecto	pluscuamperfecto
haya dicho	hubiera / hubiese dicho
hayas dicho	hubieras / -ieses dicho
haya dicho	hubiera / -iese dicho
hayamos dicho	hubiéramos / -iésemos dicho
hayáis dicho	hubierais / -ieseis dicho
hayan dicho	hubieran / -iesen dicho

IMPERATIVO

afirmativo		negativo
(tú)	di	no digas
(usted)	diga	no diga
(nosotros)	digamos	no digamos
(vosotros)	decid	no digáis
(ustedes)	digan	no digan

INFINITIVO

simple	compuesto
decir	haber dicho

GERUNDIO

simple	compuesto
diciendo	habiendo dicho

PARTICIPIO

dicho

dirigir

leiten, führen

-g- → **-j-** (vor **-a** und **-o**; s. auch Seite 8)

INDICATIVO

presente	pretérito perfecto
dirijo	he dirigido
diriges	has dirigido
dirige	ha dirigido
dirigimos	hemos dirigido
dirigís	habéis dirigido
dirigen	han dirigido

imperfecto	pluscuamperfecto
dirigía	había dirigido
dirigías	habías dirigido
dirigía	había dirigido
dirigíamos	habíamos dirigido
dirigíais	habíais dirigido
dirigían	habían dirigido

indefinido	pretérito anterior
dirigí	hube dirigido
dirigiste	hubiste dirigido
dirigió	hubo dirigido
dirigimos	hubimos dirigido
dirigisteis	hubisteis dirigido
dirigieron	hubieron dirigido

futuro imp.	futuro perfecto
dirigiré	habré dirigido
dirigirás	habrás dirigido
dirigirá	habrá dirigido
dirigiremos	habremos dirigido
dirigiréis	habréis dirigido
dirigirán	habrán dirigido

condicional	condicional comp.
dirigiría	habría dirigido
dirigirías	habrías dirigido
dirigiría	habría dirigido
dirigiríamos	habríamos dirigido
dirigiríais	habríais dirigido
dirigirían	habrían dirigido

SUBJUNTIVO

presente	imperfecto
dirija	dirigiera /dirigiese
dirijas	dirigieras / dirigieses
dirija	dirigiera / dirigiese
dirijamos	dirigiéramos / dirigiésemos
dirijáis	dirigierais / dirigieseis
dirijan	dirigieran / dirigiesen

perfecto	pluscuamperfecto
haya dirigido	hubiera / hubiese dirigido
hayas dirigido	hubieras / -ieses dirigido
haya dirigido	hubiera / -iese dirigido
hayamos dirigido	hubiéramos / -iésemos dirigido
hayáis dirigido	hubierais / -ieseis dirigido
hayan dirigido	hubieran / -iesen dirigido

IMPERATIVO

afirmativo		negativo
(tú)	dirige	no dirijas
(usted)	dirija	no dirija
(nosotros)	dirijamos	no dirijamos
(vosotros)	dirigid	no dirijáis
(ustedes)	dirijan	no dirijan

INFINITIVO

simple	compuesto
dirigir	haber dirigido

GERUNDIO

simple	compuesto
dirigiendo	habiendo dirigido

PARTICIPIO

dirigido

discernir

unterscheiden

-e- → -ie-

INDICATIVO

presente	**pretérito perfecto**
discierno	he discernido
disciernes	has discernido
discierne	ha discernido
discernimos	hemos discernido
discernís	habéis discernido
disciernen	han discernido

imperfecto	**pluscuamperfecto**
discernía	había discernido
discernías	habías discernido
discernía	había discernido
discerníamos	habíamos discernido
discerníais	habíais discernido
discernían	habían discernido

indefinido	**pretérito anterior**
discerní	hube discernido
discerniste	hubiste discernido
discernió	hubo discernido
discernimos	hubimos discernido
discernisteis	hubisteis discernido
discernieron	hubieron discernido

futuro imp.	**futuro perfecto**
discerniré	habré discernido
discernirás	habrás discernido
discernirá	habrá discernido
discerniremos	habremos discernido
discerniréis	habréis discernido
discernirán	habrán discernido

condicional	**condicional comp.**
discerniría	habría discernido
discernirías	habrías discernido
discerniría	habría discernido
discerniríamos	habríamos discernido
discerniríais	habríais discernido
discernirían	habrían discernido

SUBJUNTIVO

presente	**imperfecto**
discierna	discerniera / discerniese
disciernas	discernieras / discernieses
discierna	discerniera / discerniese
discernamos	discerniéramos / discerniésemos
discernáis	discernierais / discernieseis
disciernan	discernieran / discerniesen

perfecto	**pluscuamperfecto**
haya discernido	hubiera / hubiese discernido
hayas discernido	hubieras / -ieses discernido
haya discernido	hubiera / -iese discernido
hayamos discernido	hubiéramos / -iésemos discernido
hayáis discernido	hubierais / -ieseis discernido
hayan discernido	hubieran / -iesen discernido

IMPERATIVO

	afirmativo	**negativo**
(tú)	discierne	no disciernas
(usted)	discierna	no discierna
(nosotros)	discernamos	no discernamos
(vosotros)	discernid	no discernáis
(ustedes)	disciernan	no disciernan

INFINITIVO

simple	**compuesto**
discernir	haber discernido

GERUNDIO

simple	**compuesto**
discerniendo	habiendo discernido

PARTICIPIO

discernido

distinguir

unterscheiden

-gu- → **-g-** (vor **-a** und **-o**; s. auch Seite 8)

INDICATIVO

presente	**pretérito perfecto**
distingo	he distinguido
distingues	has distinguido
distingue	ha distinguido
distinguimos	hemos distinguido
distinguís	habéis distinguido
distinguen	han distinguido

imperfecto	**pluscuamperfecto**
distinguía	había distinguido
distinguías	habías distinguido
distinguía	había distinguido
distinguíamos	habíamos distinguido
distinguíais	habíais distinguido
distinguían	habían distinguido

indefinido	**pretérito anterior**
distinguí	hube distinguido
distinguiste	hubiste distinguido
distinguió	hubo distinguido
distinguimos	hubimos distinguido
distinguisteis	hubisteis distinguido
distinguieron	hubieron distinguido

futuro imp.	**futuro perfecto**
distinguiré	habré distinguido
distinguirás	habrás distinguido
distinguirá	habrá distinguido
distinguiremos	habremos distinguido
distinguiréis	habréis distinguido
distinguirán	habrán distinguido

condicional	**condicional comp.**
distinguiría	habría distinguido
distinguirías	habrías distinguido
distinguiría	habría distinguido
distinguiríamos	habríamos distinguido
distinguiríais	habríais distinguido
distinguirían	habrían distinguido

SUBJUNTIVO

presente	**imperfecto**
distinga	distinguiera / distinguiese
distingas	distinguieras / distinguieses
distinga	distinguiera / distinguiese
distingamos	distinguiéramos / distinguiésemos
distingáis	distinguierais / distinguieseis
distingan	distinguieran / distinguiesen

perfecto	**pluscuamperfecto**
haya distinguido	hubiera / hubiese distinguido
hayas distinguido	hubieras / -ieses distinguido
haya distinguido	hubiera / -iese distinguido
hayamos distinguido	hubiéramos / -iésemos distinguido
hayáis distinguido	hubierais / -ieseis distinguido
hayan distinguido	hubieran / -iesen distinguido

IMPERATIVO

afirmativo		**negativo**
(tú)	distingue	no distingas
(usted)	distinga	no distinga
(nosotros)	distingamos	no distingamos
(vosotros)	distinguid	no distingáis
(ustedes)	distingan	no distingan

INFINITIVO

simple	**compuesto**
distinguir	haber distinguido

GERUNDIO

simple	**compuesto**
distinguiendo	habiendo distinguido

PARTICIPIO

distinguido

dormir

schlafen

-o- → -ue-, -u-

INDICATIVO

presente	**pretérito perfecto**
duermo	he dormido
duermes	has dormido
duerme	ha dormido
dormimos	hemos dormido
dormís	habéis dormido
duermen	han dormido

imperfecto	**pluscuamperfecto**
dormía	había dormido
dormías	habías dormido
dormía	había dormido
dormíamos	habíamos dormido
dormíais	habíais dormido
dormían	habían dormido

indefinido	**pretérito anterior**
dormí	hube dormido
dormiste	hubiste dormido
durmió	hubo dormido
dormimos	hubimos dormido
dormisteis	hubisteis dormido
durmieron	hubieron dormido

futuro imp.	**futuro perfecto**
dormiré	habré dormido
dormirás	habrás dormido
dormirá	habrá dormido
dormiremos	habremos dormido
dormiréis	habréis dormido
dormirán	habrán dormido

condicional	**condicional comp.**
dormiría	habría dormido
dormirías	habrías dormido
dormiría	habría dormido
dormiríamos	habríamos dormido
dormiríais	habríais dormido
dormirían	habrían dormido

SUBJUNTIVO

presente	**imperfecto**
duerma	durmiera / durmiese
duermas	durmieras / durmieses
duerma	durmiera / durmiese
durmamos	durmiéramos / durmiésemos
durmáis	durmierais / durmieseis
duerman	durmieran / durmiesen

perfecto	**pluscuamperfecto**
haya dormido	hubiera / hubiese dormido
hayas dormido	hubieras / -ieses dormido
haya dormido	hubiera / -iese dormido
hayamos dormido	hubiéramos / -iésemos dormido
hayáis dormido	hubierais / -ieseis dormido
hayan dormido	hubieran / -iesen dormido

IMPERATIVO

afirmativo		**negativo**
(tú)	duerme	no duermas
(usted)	duerma	no duerma
(nosotros)	durmamos	no durmamos
(vosotros)	dormid	no durmáis
(ustedes)	duerman	no duerman

INFINITIVO

simple	**compuesto**
dormir	haber dormido

GERUNDIO

simple	**compuesto**
durmiendo	habiendo dormido

PARTICIPIO

dormido

elegir
(aus)wählen

-e- → **-i-** / **-g-** → **-j-** (vor **-a** und **-o**; s. auch Seite 8)

INDICATIVO

presente	pretérito perfecto
elijo	he elegido
eliges	has elegido
elige	ha elegido
elegimos	hemos elegido
elegís	habéis elegido
eligen	han elegido

imperfecto	pluscuamperfecto
elegía	había elegido
elegías	habías elegido
elegía	había elegido
elegíamos	habíamos elegido
elegíais	habíais elegido
elegían	habían elegido

indefinido	pretérito anterior
elegí	hube elegido
elegiste	hubiste elegido
eligió	hubo elegido
elegimos	hubimos elegido
elegisteis	hubisteis elegido
eligieron	hubieron elegido

futuro imp.	futuro perfecto
elegiré	habré elegido
elegirás	habrás elegido
elegirá	habrá elegido
elegiremos	habremos elegido
elegiréis	habréis elegido
elegirán	habrán elegido

condicional	condicional comp.
elegiría	habría elegido
elegirías	habrías elegido
elegiría	habría elegido
elegiríamos	habríamos elegido
elegiríais	habríais elegido
elegirían	habrían elegido

SUBJUNTIVO

presente	imperfecto
elija	eligiera / eligiese
elijas	eligieras / eligieses
elija	eligiera / eligiese
elijamos	eligiéramos / eligiésemos
elijáis	eligierais / eligieseis
elijan	eligieran / eligiesen

perfecto	pluscuamperfecto
haya elegido	hubiera / hubiese elegido
hayas elegido	hubieras / -ieses elegido
haya elegido	hubiera / -iese elegido
hayamos elegido	hubiéramos / -iésemos elegido
hayáis elegido	hubierais / -ieseis elegido
hayan elegido	hubieran / -iesen elegido

IMPERATIVO

	afirmativo	negativo
(tú)	elige	no elijas
(usted)	elija	no elija
(nosotros)	elijamos	no elijamos
(vosotros)	elegid	no elijáis
(ustedes)	elijan	no elijan

INFINITIVO

simple	compuesto
elegir	haber elegido

GERUNDIO

simple	compuesto
eligiendo	habiendo elegido

PARTICIPIO

elegido

empezar

beginnen

-e- → **-ie-** / **-z-** → **-c-** (vor **-e**; s. auch Seite 8)

INDICATIVO

presente	**pretérito perfecto**
empiezo	he empezado
empiezas	has empezado
empieza	ha empezado
empezamos	hemos empezado
empezáis	habéis empezado
empiezan	han empezado

imperfecto	**pluscuamperfecto**
empezaba	había empezado
empezabas	habías empezado
empezaba	había empezado
empezábamos	habíamos empezado
empezabais	habíais empezado
empezaban	habían empezado

indefinido	**pretérito anterior**
empecé	hube empezado
empezaste	hubiste empezado
empezó	hubo empezado
empezamos	hubimos empezado
empezasteis	hubisteis empezado
empezaron	hubieron empezado

futuro imp.	**futuro perfecto**
empezaré	habré empezado
empezarás	habrás empezado
empezará	habrá empezado
empezaremos	habremos empezado
empezaréis	habréis empezado
empezarán	habrán empezado

condicional	**condicional comp.**
empezaría	habría empezado
empezarías	habrías empezado
empezaría	habría empezado
empezaríamos	habríamos empezado
empezaríais	habríais empezado
empezarían	habrían empezado

SUBJUNTIVO

presente	**imperfecto**
empiece	empezara / empezase
empieces	empezaras / empezases
empiece	empezara / empezase
empecemos	empezáramos / empezásemos
empecéis	empezarais / empezaseis
empiecen	empezaran / empezasen

perfecto	**pluscuamperfecto**
haya empezado	hubiera / hubiese empezado
hayas empezado	hubieras / -ieses empezado
haya empezado	hubiera / -iese empezado
hayamos empezado	hubiéramos / -iésemos empezado
hayáis empezado	hubierais / -ieseis empezado
hayan empezado	hubieran / -iesen empezado

IMPERATIVO

	afirmativo	**negativo**
(tú)	empieza	no empieces
(usted)	empiece	no empiece
(nosotros)	empecemos	no empecemos
(vosotros)	empezad	no empecéis
(ustedes)	empiecen	no empiecen

INFINITIVO

simple	**compuesto**
empezar	haber empezado

GERUNDIO

simple	**compuesto**
empezando	habiendo empezado

PARTICIPIO

empezado

erguir

aufrichten, (hoch)heben

INDICATIVO

presente	pretérito perfecto
yergo / irgo	he erguido
yergues / irgues	has erguido
yergue / irgue	ha erguido
erguimos	hemos erguido
erguís	habéis erguido
yerguen / irguen	han erguido

imperfecto	pluscuamperfecto
erguía	había erguido
erguías	habías erguido
erguía	había erguido
erguíamos	habíamos erguido
erguíais	habíais erguido
erguían	habían erguido

indefinido	pretérito anterior
erguí	hube erguido
erguiste	hubiste erguido
irguió	hubo erguido
erguimos	hubimos erguido
erguisteis	hubisteis erguido
irguieron	hubieron erguido

futuro imp.	futuro perfecto
erguiré	habré erguido
erguirás	habrás erguido
erguirá	habrá erguido
erguiremos	habremos erguido
erguiréis	habréis erguido
erguirán	habrán erguido

condicional	condicional comp.
erguiría	habría erguido
erguirías	habrías erguido
erguiría	habría erguido
erguiríamos	habríamos erguido
erguiríais	habríais erguido
erguirían	habrían erguido

SUBJUNTIVO

presente	imperfecto
yerga / irga	irguiera / irguiese
yergas / irgas	irguieras / irguieses
yerga / irga	irguiera / irguiese
yergamos / irgamos	irguiéramos / irguiésemos
yergáis / irgáis	irguierais / irguiesen
yergan / irgan	irguieran / irguiesen

perfecto	pluscuamperfecto
haya erguido	hubiera / hubiese erguido
hayas erguido	hubieras / -ieses erguido
haya erguido	hubiera / -iese erguido
hayamos erguido	hubiéramos / -iésemos erguido
hayáis erguido	hubierais / -ieseis erguido
hayan erguido	hubieran / -iesen erguido

IMPERATIVO

	afirmativo	negativo
(tú)	yergue / irgue	no yergas / irgas
(Vd.)	yerga / irga	no yerga / irga
(nos.)	yergamos / irgamos	no yergamos / irgamos
(vos.)	erguid	no yergáis / irgáis
(Vds.)	yergan / irgan	no yergan / irgan

INFINITIVO

simple	compuesto
erguir	haber erguido

GERUNDIO

simple	compuesto
irguiendo	habiendo erguido

PARTICIPIO

erguido

hacer

machen, tun

INDICATIVO

presente	**pretérito perfecto**
hago	he hecho
haces	has hecho
hace	ha hecho
hacemos	hemos hecho
hacéis	habéis hecho
hacen	han hecho

imperfecto	**pluscuamperfecto**
hacía	había hecho
hacías	habías hecho
hacía	había hecho
hacíamos	habíamos hecho
hacíais	habíais hecho
hacían	habían hecho

indefinido	**pretérito anterior**
hice	hube hecho
hiciste	hubiste hecho
hizo	hubo hecho
hicimos	hubimos hecho
hicisteis	hubisteis hecho
hicieron	hubieron hecho

futuro imp.	**futuro perfecto**
haré	habré hecho
harás	habrás hecho
hará	habrá hecho
haremos	habremos hecho
haréis	habréis hecho
harán	habrán hecho

condicional	**condicional comp.**
haría	habría hecho
harías	habrías hecho
haría	habría hecho
haríamos	habríamos hecho
haríais	habríais hecho
harían	habrían hecho

SUBJUNTIVO

presente	**imperfecto**
haga	hiciera / hiciese
hagas	hicieras / hicieses
haga	hiciera / hiciese
hagamos	hiciéramos / hiciésemos
hagáis	hicierais / hicieseis
hagan	hicieran / hiciesen

perfecto	**pluscuamperfecto**
haya hecho	hubiera / hubiese hecho
hayas hecho	hubieras / -ieses hecho
haya hecho	hubiera / -iese hecho
hayamos hecho	hubiéramos / -iésemos hecho
hayáis hecho	hubierais / -ieseis hecho
hayan hecho	hubieran / -iesen hecho

IMPERATIVO

afirmativo		**negativo**
(tú)	haz	no hagas
(usted)	haga	no haga
(nosotros)	hagamos	no hagamos
(vosotros)	haced	no hagáis
(ustedes)	hagan	no hagan

INFINITIVO

simple	**compuesto**
hacer	haber hecho

GERUNDIO

simple	**compuesto**
haciendo	habiendo hecho

PARTICIPIO

hecho

ir
gehen, fahren

Nicht weniger häufig ist die reflexive Form *irse (nos vamos, vete, váyase …).*

INDICATIVO

presente	pretérito perfecto
voy	he ido
vas	has ido
va	ha ido
vamos	hemos ido
vais	habéis ido
van	han ido

imperfecto	pluscuamperfecto
iba	había ido
ibas	habías ido
iba	había ido
íbamos	habíamos ido
ibais	habíais ido
iban	habían ido

indefinido	pretérito anterior
fui	hube ido
fuiste	hubiste ido
fue	hubo ido
fuimos	hubimos ido
fuisteis	hubisteis ido
fueron	hubieron ido

futuro imp.	futuro perfecto
iré	habré ido
irás	habrás ido
irá	habrá ido
iremos	habremos ido
iréis	habréis ido
irán	habrán ido

condicional	condicional comp.
iría	habría ido
irías	habrías ido
iría	habría ido
iríamos	habríamos ido
iríais	habríais ido
irían	habrían ido

SUBJUNTIVO

presente	imperfecto
vaya	fuera / fuese
vayas	fueras / fueses
vaya	fuera / fuese
vayamos	fuéramos / fuésemos
vayáis	fuerais / fueseis
vayan	fueran / fuesen

perfecto	pluscuamperfecto
haya ido	hubiera / hubiese ido
hayas ido	hubieras / -ieses ido
haya ido	hubiera / -iese ido
hayamos ido	hubiéramos / -iésemos ido
hayáis ido	hubierais / -ieseis ido
hayan ido	hubieran / -iesen ido

IMPERATIVO

afirmativo		negativo
(tú)	ve	no vayas
(usted)	vaya	no vaya
(nosotros)	vayamos	no vayamos
(vosotros)	id	no vayáis
(ustedes)	vayan	no vayan

INFINITIVO

simple	compuesto
ir	haber ido

GERUNDIO

simple	compuesto
yendo	habiendo ido

PARTICIPIO

ido

jugar

spielen

-u- → **-ue-** / **-g-** → **-gu-** (vor **-e**; s. auch Seite 8)

INDICATIVO

presente	**pretérito perfecto**
juego	he jugado
juegas	has jugado
juega	ha jugado
jugamos	hemos jugado
jugáis	habéis jugado
juegan	han jugado

imperfecto	**pluscuamperfecto**
jugaba	había jugado
jugabas	habías jugado
jugaba	había jugado
jugábamos	habíamos jugado
jugabais	habíais jugado
jugaban	habían jugado

indefinido	**pretérito anterior**
jugué	hube jugado
jugaste	hubiste jugado
jugó	hubo jugado
jugamos	hubimos jugado
jugasteis	hubisteis jugado
jugaron	hubieron jugado

futuro imp.	**futuro perfecto**
jugaré	habré jugado
jugarás	habrás jugado
jugará	habrá jugado
jugaremos	habremos jugado
jugaréis	habréis jugado
jugarán	habrán jugado

condicional	**condicional comp.**
jugaría	habría jugado
jugarías	habrías jugado
jugaría	habría jugado
jugaríamos	habríamos jugado
jugaríais	habríais jugado
jugarían	habrían jugado

SUBJUNTIVO

presente	**imperfecto**
juegue	jugara / jugase
juegues	jugaras / jugases
juegue	jugara / jugase
juguemos	jugáramos / jugásemos
juguéis	jugarais / jugaseis
jueguen	jugaran / jugasen

perfecto	**pluscuamperfecto**
haya jugado	hubiera / hubiese jugado
hayas jugado	hubieras / -ieses jugado
haya jugado	hubiera / -iese jugado
hayamos jugado	hubiéramos / -iésemos jugado
hayáis jugado	hubierais / -ieseis jugado
hayan jugado	hubieran / -iesen jugado

IMPERATIVO

afirmativo		**negativo**
(tú)	juega	no juegues
(usted)	juegue	no juegue
(nosotros)	juguemos	no juguemos
(vosotros)	jugad	no juguéis
(ustedes)	jueguen	no jueguen

INFINITIVO

simple	**compuesto**
jugar	haber jugado

GERUNDIO

simple	**compuesto**
jugando	habiendo jugado

PARTICIPIO

jugado

lucir
leuchten

-c- → **-zc-** (vor **-a** und **-o**)

INDICATIVO

presente	pretérito perfecto
luzco	he lucido
luces	has lucido
luce	ha lucido
lucimos	hemos lucido
lucís	habéis lucido
lucen	han lucido

imperfecto	pluscuamperfecto
lucía	había lucido
lucías	habías lucido
lucía	había lucido
lucíamos	habíamos lucido
lucíais	habíais lucido
lucían	habían lucido

indefinido	pretérito anterior
lucí	hube lucido
luciste	hubiste lucido
lució	hubo lucido
lucimos	hubimos lucido
lucisteis	hubisteis lucido
lucieron	hubieron lucido

futuro imp.	futuro perfecto
luciré	habré lucido
lucirás	habrás lucido
lucirá	habrá lucido
luciremos	habremos lucido
luciréis	habréis lucido
lucirán	habrán lucido

condicional	condicional comp.
luciría	habría lucido
lucirías	habrías lucido
luciría	habría lucido
luciríamos	habríamos lucido
luciríais	habríais lucido
lucirían	habrían lucido

SUBJUNTIVO

presente	imperfecto
luzca	luciera / luciese
luzcas	lucieras / lucieses
luzca	luciera / luciese
luzcamos	luciéramos / luciésemos
luzcáis	lucierais / lucieseis
luzcan	lucieran / luciesen

perfecto	pluscuamperfecto
haya lucido	hubiera / hubiese lucido
hayas lucido	hubieras / -ieses lucido
haya lucido	hubiera / -iese lucido
hayamos lucido	hubiéramos / -iésemos lucido
hayáis lucido	hubierais / -ieseis lucido
hayan lucido	hubieran / -iesen lucido

IMPERATIVO

afirmativo		negativo
(tú)	luce	no luzcas
(usted)	luzca	no luzca
(nosotros)	luzcamos	no luzcamos
(vosotros)	lucid	no luzcáis
(ustedes)	luzcan	no luzcan

INFINITIVO

simple	compuesto
lucir	haber lucido

GERUNDIO

simple	compuesto
luciendo	habiendo lucido

PARTICIPIO

lucido

mover
bewegen

-o- → -ue-

INDICATIVO

presente	pretérito perfecto
muevo	he movido
mueves	has movido
mueve	ha movido
movemos	hemos movido
movéis	habéis movido
mueven	han movido

imperfecto	pluscuamperfecto
movía	había movido
movías	habías movido
movía	había movido
movíamos	habíamos movido
movíais	habíais movido
movían	habían movido

indefinido	pretérito anterior
moví	hube movido
moviste	hubiste movido
movió	hubo movido
movimos	hubimos movido
movisteis	hubisteis movido
movieron	hubieron movido

futuro imp.	futuro perfecto
moveré	habré movido
moverás	habrás movido
moverá	habrá movido
moveremos	habremos movido
moveréis	habréis movido
moverán	habrán movido

condicional	condicional comp.
movería	habría movido
moverías	habrías movido
movería	habría movido
moveríamos	habríamos movido
moveríais	habríais movido
moverían	habrían movido

SUBJUNTIVO

presente	imperfecto
mueva	moviera / moviese
muevas	movieras / movieses
mueva	moviera / moviese
movamos	moviéramos / moviésemos
mováis	movierais / movieseis
muevan	movieran / moviesen

perfecto	pluscuamperfecto
haya movido	hubiera / hubiese movido
hayas movido	hubieras / -ieses movido
haya movido	hubiera / -iese movido
hayamos movido	hubiéramos / -iésemos movido
hayáis movido	hubierais / -ieseis movido
hayan movido	hubieran / -iesen movido

IMPERATIVO

afirmativo		negativo
(tú)	mueve	no muevas
(usted)	mueva	no mueva
(nosotros)	movamos	no movamos
(vosotros)	moved	no mováis
(ustedes)	muevan	no muevan

INFINITIVO

simple	compuesto
mover	haber movido

GERUNDIO

simple	compuesto
moviendo	habiendo movido

PARTICIPIO

movido

nacer

geboren werden

-c- → **-zc-** (vor **-a** und **-o**)

INDICATIVO

presente	pretérito perfecto
nazco	he nacido
naces	has nacido
nace	ha nacido
nacemos	hemos nacido
nacéis	habéis nacido
nacen	han nacido

imperfecto	pluscuamperfecto
nacía	había nacido
nacías	habías nacido
nacía	había nacido
nacíamos	habíamos nacido
nacíais	habíais nacido
nacían	habían nacido

indefinido	pretérito anterior
nací	hube nacido
naciste	hubiste nacido
nació	hubo nacido
nacimos	hubimos nacido
nacisteis	hubisteis nacido
nacieron	hubieron nacido

futuro imp.	futuro perfecto
naceré	habré nacido
nacerás	habrás nacido
nacerá	habrá nacido
naceremos	habremos nacido
naceréis	habréis nacido
nacerán	habrán nacido

condicional	condicional comp.
nacería	habría nacido
nacerías	habrías nacido
nacería	habría nacido
naceríamos	habríamos nacido
naceríais	habríais nacido
nacerían	habrían nacido

SUBJUNTIVO

presente	imperfecto
nazca	naciera / naciese
nazcas	nacieras / nacieses
nazca	naciera / naciese
nazcamos	naciéramos / naciésemos
nazcáis	naierais / nacieseis
nazcan	nacieran / naciesen

perfecto	pluscuamperfecto
haya nacido	hubiera / hubiese nacido
hayas nacido	hubieras / -ieses nacido
haya nacido	hubiera / -iese nacido
hayamos nacido	hubiéramos / -iésemos nacido
hayáis nacido	hubierais / -ieseis nacido
hayan nacido	hubieran / -iesen nacido

IMPERATIVO

afirmativo	negativo
—	—
—	—
—	—
—	—
—	—

INFINITIVO

simple	compuesto
nacer	haber nacido

GERUNDIO

simple	compuesto
naciendo	habiendo nacido

PARTICIPIO

nacido

negar

verneinen

-e- → **-ie-** / **-g-** → **-gu-** (vor **-e**; s. auch Seite 8)

INDICATIVO

presente	**pretérito perfecto**
niego	he negado
niegas	has negado
niega	ha negado
negamos	hemos negado
negáis	habéis negado
niegan	han negado

imperfecto	**pluscuamperfecto**
negaba	había negado
negabas	habías negado
negaba	había negado
negábamos	habíamos negado
negabais	habíais negado
negaban	habían negado

indefinido	**pretérito anterior**
negué	hube negado
negaste	hubiste negado
negó	hubo negado
negamos	hubimos negado
negasteis	hubisteis negado
negaron	hubieron negado

futuro imp.	**futuro perfecto**
negaré	habré negado
negarás	habrás negado
negará	habrá negado
negaremos	habremos negado
negaréis	habréis negado
negarán	habrán negado

condicional	**condicional comp.**
negaría	habría negado
negarías	habrías negado
negaría	habría negado
negaríamos	habríamos negado
negaríais	habríais negado
negarían	habrían negado

SUBJUNTIVO

presente	**imperfecto**
niegue	negara / negase
niegues	negaras / negases
niegue	negara / negase
neguemos	negáramos / negásemos
neguéis	negarais / negaseis
nieguen	negaran / negasen

perfecto	**pluscuamperfecto**
haya negado	hubiera / hubiese negado
hayas negado	hubieras / -ieses negado
haya negado	hubiera / -iese negado
hayamos negado	hubiéramos / -iésemos negado
hayáis negado	hubierais / -ieseis negado
hayan negado	hubieran / -iesen negado

IMPERATIVO

	afirmativo	**negativo**
(tú)	niega	no niegues
(usted)	niegue	no niegue
(nosotros)	neguemos	no neguemos
(vosotros)	negad	no neguéis
(ustedes)	nieguen	no nieguen

INFINITIVO

simple	**compuesto**
negar	haber negado

GERUNDIO

simple	**compuesto**
negando	habiendo negado

PARTICIPIO

negado

oír

hören

+ -ig- / -i- → -y-

INDICATIVO

presente	pretérito perfecto
oigo	he oído
oyes	has oído
oye	ha oído
oímos	hemos oído
oís	habéis oído
oyen	han oído

imperfecto	pluscuamperfecto
oía	había oído
oías	habías oído
oía	había oído
oíamos	habíamos oído
oíais	habíais oído
oían	habían oído

indefinido	pretérito anterior
oí	hube oído
oíste	hubiste oído
oyó	hubo oído
oímos	hubimos oído
oísteis	hubisteis oído
oyeron	hubieron oído

futuro imp.	futuro perfecto
oiré	habré oído
oirás	habrás oído
oirá	habrá oído
oiremos	habremos oído
oiréis	habréis oído
oirán	habrán oído

condicional	condicional comp.
oiría	habría oído
oirías	habrías oído
oiría	habría oído
oiríamos	habríamos oído
oiríais	habríais oído
oirían	habrían oído

SUBJUNTIVO

presente	imperfecto
oiga	oyera / oyese
oigas	oyeras / oyeses
oiga	oyera / oyese
oigamos	oyéramos / oyésemos
oigáis	oyerais / oyeseis
oigan	oyeran / oyesen

perfecto	pluscuamperfecto
haya oído	hubiera / hubiese oído
hayas oído	hubieras / -ieses oído
haya oído	hubiera / -iese oído
hayamos oído	hubiéramos / -iésemos oído
hayáis oído	hubierais / -ieseis oído
hayan oído	hubieran / -iesen oído

IMPERATIVO

afirmativo		negativo
(tú)	oye	no oigas
(usted)	oiga	no oiga
(nosotros)	oigamos	no oigamos
(vosotros)	oíd	no oigáis
(ustedes)	oigan	no oigan

INFINITIVO

simple	compuesto
oír	haber oído

GERUNDIO

simple	compuesto
oyendo	habiendo oído

PARTICIPIO

oído

oler

riechen

o- → hue-

INDICATIVO

presente	pretérito perfecto
huelo	he olido
hueles	has olido
huele	ha olido
olemos	hemos olido
oléis	habéis olido
huelen	han olido

imperfecto	pluscuamperfecto
olía	había olido
olías	habías olido
olía	había olido
olíamos	habíamos olido
olíais	habíais olido
olían	habían olido

indefinido	pretérito anterior
olí	hube olido
oliste	hubiste olido
olió	hubo olido
olimos	hubimos olido
olisteis	hubisteis olido
olieron	hubieron olido

futuro imp.	futuro perfecto
oleré	habré olido
olerás	habrás olido
olerá	habrá olido
oleremos	habremos olido
oleréis	habréis olido
olerán	habrán olido

condicional	condicional comp.
olería	habría olido
olerías	habrías olido
olería	habría olido
oleríamos	habríamos olido
oleríais	habríais olido
olerían	habrían olido

SUBJUNTIVO

presente	imperfecto
huela	oliera / oliese
huelas	olieras / olieses
huela	oliera / oliese
olamos	oliéramos / oliésemos
oláis	olierais / olieseis
huelan	olieran / oliesen

perfecto	pluscuamperfecto
haya olido	hubiera / hubiese olido
hayas olido	hubieras / -ieses olido
haya olido	hubiera / -iese olido
hayamos olido	hubiéramos / -iésemos olido
hayáis olido	hubierais / -ieseis olido
hayan olido	hubieran / -iesen olido

IMPERATIVO

afirmativo		negativo
(tú)	huele	no huelas
(usted)	huela	no huela
(nosotros)	olamos	no olamos
(vosotros)	oled	no oláis
(ustedes)	huelan	no huelan

INFINITIVO

simple	compuesto
oler	haber olido

GERUNDIO

simple	compuesto
oliendo	habiendo olido

PARTICIPIO

olido

pagar
bezahlen

-g- → **-gu-** (vor **-e**; s. auch Seite 8)

INDICATIVO

presente	**pretérito perfecto**
pago	he pagado
pagas	has pagado
paga	ha pagado
pagamos	hemos pagado
pagáis	habéis pagado
pagan	han pagado

imperfecto	**pluscuamperfecto**
pagaba	había pagado
pagabas	habías pagado
pagaba	había pagado
pagábamos	habíamos pagado
pagabais	habíais pagado
pagaban	habían pagado

indefinido	**pretérito anterior**
pagué	hube pagado
pagaste	hubiste pagado
pagó	hubo pagado
pagamos	hubimos pagado
pagasteis	hubisteis pagado
pagaron	hubieron pagado

futuro imp.	**futuro perfecto**
pagaré	habré pagado
pagarás	habrás pagado
pagará	habrá pagado
pagaremos	habremos pagado
pagaréis	habréis pagado
pagarán	habrán pagado

condicional	**condicional comp.**
pagaría	habría pagado
pagarías	habrías pagado
pagaría	habría pagado
pagaríamos	habríamos pagado
pagaríais	habríais pagado
pagarían	habrían pagado

SUBJUNTIVO

presente	**imperfecto**
pague	pagar / pagase
pagues	pagaras / pagases
pague	pagara / pagase
paguemos	pagáramos / pagásemos
paguéis	pagarais / pagaseis
paguen	pagaran / pagasen

perfecto	**pluscuamperfecto**
haya pagado	hubiera / hubiese pagado
hayas pagado	hubieras / -ieses pagado
haya pagado	hubiera / -iese pagado
hayamos pagado	hubiéramos / -iésemos pagado
hayáis pagado	hubierais / -ieseis pagado
hayan pagado	hubieran / -iesen pagado

IMPERATIVO

	afirmativo	**negativo**
(tú)	paga	no pagues
(usted)	pague	no pague
(nosotros)	paguemos	no paguemos
(vosotros)	pagad	no paguéis
(ustedes)	paguen	no paguen

INFINITIVO

simple	**compuesto**
pagar	haber pagado

GERUNDIO

simple	**compuesto**
pagando	habiendo pagado

PARTICIPIO

pagado

pedir

bitten, bestellen

-e- → -i-

INDICATIVO

presente	**pretérito perfecto**
pido	he pedido
pides	has pedido
pide	ha pedido
pedimos	hemos pedido
pedís	habéis pedido
piden	han pedido

imperfecto	**pluscuamperfecto**
pedía	había pedido
pedías	habías pedido
pedía	había pedido
pedíamos	habíamos pedido
pedíais	habíais pedido
pedían	habían pedido

indefinido	**pretérito anterior**
pedí	hube pedido
pediste	hubiste pedido
pidió	hubo pedido
pedimos	hubimos pedido
pedisteis	hubisteis pedido
pidieron	hubieron pedido

futuro imp.	**futuro perfecto**
pediré	habré pedido
pedirás	habrás pedido
pedirá	habrá pedido
pediremos	habremos pedido
pediréis	habréis pedido
pedirán	habrán pedido

condicional	**condicional comp.**
pediría	habría pedido
pedirías	habrías pedido
pediría	habría pedido
pediríamos	habríamos pedido
pediríais	habríais pedido
pedirían	habrían pedido

SUBJUNTIVO

presente	**imperfecto**
pida	pidiera / pidiese
pidas	pidieras / pidieses
pida	pidiera / pidiese
pidamos	pidiéramos / pidiésemos
pidáis	pidierais / pidieseis
pidan	pidieran / pidiesen

perfecto	**pluscuamperfecto**
haya pedido	hubiera / hubiese pedido
hayas pedido	hubieras / -ieses pedido
haya pedido	hubiera / -iese pedido
hayamos pedido	hubiéramos / -iésemos pedido
hayáis pedido	hubierais / -ieseis pedido
hayan pedido	hubieran / -iesen pedido

IMPERATIVO

	afirmativo	**negativo**
(tú)	pide	no pidas
(usted)	pida	no pida
(nosotros)	pidamos	no pidamos
(vosotros)	pedid	no pidáis
(ustedes)	pidan	no pidan

INFINITIVO

simple	**compuesto**
pedir	haber pedido

GERUNDIO

simple	**compuesto**
pidiendo	habiendo pedido

PARTICIPIO

pedido

pensar

denken

-e- → -ie-

INDICATIVO

presente	**pretérito perfecto**
pienso	he pensado
piensas	has pensado
piensa	ha pensado
pensamos	hemos pensado
pensáis	habéis pensado
piensan	han pensado

imperfecto	**pluscuamperfecto**
pensaba	había pensado
pensabas	habías pensado
pensaba	había pensado
pensábamos	habíamos pensado
pensabais	habíais pensado
pensaban	habían pensado

indefinido	**pretérito anterior**
pensé	hube pensado
pensaste	hubiste pensado
pensó	hubo pensado
pensamos	hubimos pensado
pensasteis	hubisteis pensado
pensaron	hubieron pensado

futuro imp.	**futuro perfecto**
pensaré	habré pensado
pensarás	habrás pensado
pensará	habrá pensado
pensaremos	habremos pensado
pensaréis	habréis pensado
pensarán	habrán pensado

condicional	**condicional comp.**
pensaría	habría pensado
pensarías	habrías pensado
pensaría	habría pensado
pensaríamos	habríamos pensado
pensaríais	habríais pensado
pensarían	habrían pensado

SUBJUNTIVO

presente	**imperfecto**
piense	pensara / pensase
pienses	pensaras / pensases
piense	pensara / pensase
pensemos	pensáramos / pensásemos
penséis	pensarais / pensaseis
piensen	pensaran / pensasen

perfecto	**pluscuamperfecto**
haya pensado	hubiera / hubiese pensado
hayas pensado	hubieras / -ieses pensado
haya pensado	hubiera / -iese pensado
hayamos pensado	hubiéramos / -iésemos pensado
hayáis pensado	hubierais / -ieseis pensado
hayan pensado	hubieran / -iesen pensado

IMPERATIVO

afirmativo		**negativo**
(tú)	piensa	no pienses
(usted)	piense	no piense
(nosotros)	pensemos	no pensemos
(vosotros)	pensad	no penséis
(ustedes)	piensen	no piensen

INFINITIVO

simple	**compuesto**
pensar	haber pensado

GERUNDIO

simple	**compuesto**
pensando	habiendo pensado

PARTICIPIO

pensado

perder

verlieren

-e- → -ie-

INDICATIVO

presente	**pretérito perfecto**
pierdo	he perdido
pierdes	has perdido
pierde	ha perdido
perdemos	hemos perdido
perdéis	habéis perdido
pierden	han perdido

imperfecto	**pluscuamperfecto**
perdía	había perdido
perdías	habías perdido
perdía	había perdido
perdíamos	habíamos perdido
perdíais	habíais perdido
perdían	habían perdido

indefinido	**pretérito anterior**
perdí	hube perdido
perdiste	hubiste perdido
perdió	hubo perdido
perdimos	hubimos perdido
perdisteis	hubisteis perdido
perdieron	hubieron perdido

futuro imp.	**futuro perfecto**
perderé	habré perdido
perderás	habrás perdido
perderá	habrá perdido
perderemos	habremos perdido
perderéis	habréis perdido
perderán	habrán perdido

condicional	**condicional comp.**
perdería	habría perdido
perderías	habrías perdido
perdería	habría perdido
perderíamos	habríamos perdido
perderíais	habríais perdido
perderían	habrían perdido

SUBJUNTIVO

presente	**imperfecto**
pierda	perdiera / perdiese
pierdas	perdieras / perdieses
pierda	perdiera / perdiese
perdamos	perdiéramos / perdiésemos
perdáis	perdierais / perdieseis
pierdan	perdieran / perdiesen

perfecto	**pluscuamperfecto**
haya perdido	hubiera / hubiese perdido
hayas perdido	hubieras / -ieses perdido
haya perdido	hubiera / -iese perdido
hayamos perdido	hubiéramos / -iésemos perdido
hayáis perdido	hubierais / -ieseis perdido
hayan perdido	hubieran / -iesen perdido

IMPERATIVO

afirmativo		**negativo**
(tú)	pierde	no pierdas
(usted)	pierda	no pierda
(nosotros)	perdamos	no perdamos
(vosotros)	perded	no perdáis
(ustedes)	pierdan	no pierdan

INFINITIVO

simple	**compuesto**
perder	haber perdido

GERUNDIO

simple	**compuesto**
perdiendo	habiendo perdido

PARTICIPIO

perdido

placer
gefallen

-c- → **-zc-** (vor **-a** und **-o**)

INDICATIVO

presente	**pretérito perfecto**
plazco	he placido
places	has placido
place	ha placido
placemos	hemos placido
placéis	habéis placido
placen	han placido

imperfecto	**pluscuamperfecto**
placía	había placido
placías	habías placido
placía	había placido
placíamos	habíamos placido
placíais	habíais placido
placían	habían placido

indefinido	**pretérito anterior**
plací	hube placido
placiste	hubiste placido
plació / plugo	hubo placido
placimos	hubimos placido
placisteis	hubisteis placido
placieron/pluguieron	hubieron placido

futuro imp.	**futuro perfecto**
placeré	habré placido
placerás	habrás placido
placerá	habrá placido
placeremos	habremos placido
placeréis	habréis placido
placerán	habrán placido

condicional	**condicional comp.**
placería	habría placido
placerías	habrías placido
placería	habría placido
placeríamos	habríamos placido
placeríais	habríais placido
placerían	habrían placido

SUBJUNTIVO

presente	**imperfecto**
plazca	placiera / placiese
plazcas	placieras / placieses
plazca / plegue	placiera / placiese
plazcamos	placiéramos / placiésemos
plazcáis	placierais / placieseis
plazcan	placieran / placiesen

perfecto	**pluscuamperfecto**
haya placido	hubiera / hubiese placido
hayas placido	hubieras / -ieses placido
haya placido	hubiera / -iese placido
hayamos placido	hubiéramos / -iésemos placido
hayáis placido	hubierais / -ieseis placido
hayan placido	hubieran / -iesen placido

IMPERATIVO

afirmativo		**negativo**
(tú)	place	no plazcas
(usted)	plazca	no plazca
(nosotros)	plazcamos	no plazcamos
(vosotros)	placed	no plazcáis
(ustedes)	plazcan	no plazcan

INFINITIVO

simple	**compuesto**
placer	haber placido

GERUNDIO

simple	**compuesto**
placiendo	habiendo placido

PARTICIPIO

placido

poder

können, dürfen

-o- → -ue-, -u-

INDICATIVO

presente	**pretérito perfecto**
puedo	he podido
puedes	has podido
puede	ha podido
podemos	hemos podido
podéis	habéis podido
pueden	han podido

imperfecto	**pluscuamperfecto**
podía	había podido
podías	habías podido
podía	había podido
podíamos	habíamos podido
podíais	habíais podido
podían	habían podido

indefinido	**pretérito anterior**
pude	hube podido
pudiste	hubiste podido
pudo	hubo podido
pudimos	hubimos podido
pudisteis	hubisteis podido
pudieron	hubieron podido

futuro imp.	**futuro perfecto**
podré	habré podido
podrás	habrás podido
podrá	habrá podido
podremos	habremos podido
podréis	habréis podido
podrán	habrán podido

condicional	**condicional comp.**
podría	habría podido
podrías	habrías podido
podría	habría podido
podríamos	habríamos podido
podríais	habríais podido
podrían	habrían podido

SUBJUNTIVO

presente	**imperfecto**
pueda	pudiera / pudiese
puedas	pudieras / pudieses
pueda	pudiera / pudiese
podamos	pudiéramos / pudiésemos
podáis	pudierais / pudieseis
puedan	pudieran / pudiesen

perfecto	**pluscuamperfecto**
haya podido	hubiera / hubiese podido
hayas podido	hubieras / -ieses podido
haya podido	hubiera / -iese podido
hayamos podido	hubiéramos / -iésemos podido
hayáis podido	hubierais / -ieseis podido
hayan podido	hubieran / -iesen podido

IMPERATIVO

afirmativo		**negativo**
(tú)	puede	no puedas
(usted)	pueda	no pueda
(nosotros)	podamos	no podamos
(vosotros)	poded	no podáis
(ustedes)	puedan	no puedan

INFINITIVO

simple	**compuesto**
poder	haber podido

GERUNDIO

simple	**compuesto**
pudiendo	habiendo podido

PARTICIPIO

podido

poner
legen, stellen, setzen

INDICATIVO

presente	**pretérito perfecto**
pongo	he puesto
pones	has puesto
pone	ha puesto
ponemos	hemos puesto
ponéis	habéis puesto
ponen	han puesto

imperfecto	**pluscuamperfecto**
ponía	había puesto
ponías	habías puesto
ponía	había puesto
poníamos	habíamos puesto
poníais	habíais puesto
ponían	habían puesto

indefinido	**pretérito anterior**
puse	hube puesto
pusiste	hubiste puesto
puso	hubo puesto
pusimos	hubimos puesto
pusisteis	hubisteis puesto
pusieron	hubieron puesto

futuro imp.	**futuro perfecto**
pondré	habré puesto
pondrás	habrás puesto
pondrá	habrá puesto
pondremos	habremos puesto
pondréis	habréis puesto
pondrán	habrán puesto

condicional	**condicional comp.**
pondría	habría puesto
pondrías	habrías puesto
pondría	habría puesto
pondríamos	habríamos puesto
pondríais	habríais puesto
pondrían	habrían puesto

SUBJUNTIVO

presente	**imperfecto**
ponga	pusiera / pusiese
pongas	pusieras / pusieses
ponga	pusiera / pusiese
pongamos	pusiéramos / pusiésemos
pongáis	pusierais / pusieseis
pongan	pusieran / pusiesen

perfecto	**pluscuamperfecto**
haya puesto	hubiera / hubiese puesto
hayas puesto	hubieras / -ieses puesto
haya puesto	hubiera / -iese puesto
hayamos puesto	hubiéramos / -iésemos puesto
hayáis puesto	hubierais / -ieseis puesto
hayan puesto	hubieran / -iesen puesto

IMPERATIVO

afirmativo		**negativo**
(tú)	pon	no pongas
(usted)	ponga	no ponga
(nosotros)	pongamos	no pongamos
(vosotros)	poned	no pongáis
(ustedes)	pongan	no pongan

INFINITIVO

simple	**compuesto**
poner	haber puesto

GERUNDIO

simple	**compuesto**
poniendo	habiendo puesto

PARTICIPIO

puesto

poseer
besitzen

-i- → **-y-** (zwischen zwei Vokalen)

INDICATIVO

presente	**pretérito perfecto**
poseo	he poseído
posees	has poseído
posee	ha poseído
poseemos	hemos poseído
poseéis	habéis poseído
poseen	han poseído

imperfecto	**pluscuamperfecto**
poseía	había poseído
poseías	habías poseído
poseía	había poseído
poseíamos	habíamos poseído
poseíais	habíais poseído
poseían	habían poseído

indefinido	**pretérito anterior**
poseí	hube poseído
poseíste	hubiste poseído
poseyó	hubo poseído
poseímos	hubimos poseído
poseísteis	hubisteis poseído
poseyeron	hubieron poseído

futuro imp.	**futuro perfecto**
poseeré	habré poseído
poseerás	habrás poseído
poseerá	habrá poseído
poseeremos	habremos poseído
poseeréis	habréis poseído
poseerán	habrán poseído

condicional	**condicional comp.**
poseería	habría poseído
poseerías	habrías poseído
poseería	habría poseído
poseeríamos	habríamos poseído
poseeríais	habríais poseído
poseerían	habrían poseído

SUBJUNTIVO

presente	**imperfecto**
posea	poseyera / poseyese
poseas	poseyeras / poseyeses
posea	poseyera / poseyese
poseamos	poseyéramos / poseyésemos
poseáis	poseyerais / poseyeseis
posean	poseyeran / poseyesen

perfecto	**pluscuamperfecto**
haya poseído	hubiera / hubiese poseído
hayas poseído	hubieras / -ieses poseído
haya poseído	hubiera / -iese poseído
hayamos poseído	hubiéramos / -iésemos poseído
hayáis poseído	hubierais / -ieseis poseído
hayan poseído	hubieran / -iesen poseído

IMPERATIVO

afirmativo		**negativo**
(tú)	posee	no poseas
(usted)	posea	no posea
(nosotros)	poseamos	no poseamos
(vosotros)	poseed	no poseáis
(ustedes)	posean	no posean

INFINITIVO

simple	**compuesto**
poseer	haber poseído

GERUNDIO

simple	**compuesto**
poseyendo	habiendo poseído

PARTICIPIO

poseído

prohibir

verbieten

-i- → **-í-** (s. auch Seite 8)

INDICATIVO

presente	pretérito perfecto
prohíbo	he prohibido
prohíbes	has prohibido
prohíbe	ha prohibido
prohibimos	hemos prohibido
prohibís	habéis prohibido
prohíben	han prohibido

imperfecto	pluscuamperfecto
prohibía	había prohibido
prohibías	habías prohibido
prohibía	había prohibido
prohibíamos	habíamos prohibido
prohibíais	habíais prohibido
prohibían	habían prohibido

indefinido	pretérito anterior
prohibí	hube prohibido
prohibiste	hubiste prohibido
prohibió	hubo prohibido
prohibimos	hubimos prohibido
prohibisteis	hubisteis prohibido
prohibieron	hubieron prohibido

futuro imp.	futuro perfecto
prohibiré	habré prohibido
prohibirás	habrás prohibido
prohibirá	habrá prohibido
prohibiremos	habremos prohibido
prohibiréis	habréis prohibido
prohibirán	habrán prohibido

condicional	condicional comp.
prohibiría	habría prohibido
prohibirías	habrías prohibido
prohibiría	habría prohibido
prohibiríamos	habríamos prohibido
prohibiríais	habríais prohibido
prohibirían	habrían prohibido

SUBJUNTIVO

presente	imperfecto
prohíba	prohibiera / prohibiese
prohíbas	prohibieras / prohibieses
prohíba	prohibiera / prohibiese
prohibamos	prohibiéramos / prohibiésemos
prohibáis	prohibierais / prohibieseis
prohíban	prohibieran / prohibiesen

perfecto	pluscuamperfecto
haya prohibido	hubiera / hubiese prohibido
hayas prohibido	hubieras / -ieses prohibido
haya prohibido	hubiera / -iese prohibido
hayamos prohibido	hubiéramos / -iésemos prohibido
hayáis prohibido	hubierais / -ieseis prohibido
hayan prohibido	hubieran / -iesen prohibido

IMPERATIVO

	afirmativo	negativo
(tú)	prohíbe	no prohíbas
(usted)	prohíba	no prohíba
(nosotros)	prohibamos	no prohibamos
(vosotros)	prohibid	no prohibáis
(ustedes)	prohíban	no prohíban

INFINITIVO

simple	compuesto
prohibir	haber prohibido

GERUNDIO

simple	compuesto
prohibiendo	habiendo prohibido

PARTICIPIO

prohibido

querer

wollen, lieben

INDICATIVO

presente	pretérito perfecto
quiero	he querido
quieres	has querido
quiere	ha querido
queremos	hemos querido
queréis	habéis querido
quieren	han querido

imperfecto	pluscuamperfecto
quería	había querido
querías	habías querido
quería	había querido
queríamos	habíamos querido
queríais	habíais querido
querían	habían querido

indefinido	pretérito anterior
quise	hube querido
quisiste	hubiste querido
quiso	hubo querido
quisimos	hubimos querido
quisisteis	hubisteis querido
quisieron	hubieron querido

futuro imp.	futuro perfecto
querré	habré querido
querrás	habrás querido
querrá	habrá querido
querremos	habremos querido
querréis	habréis querido
querrán	habrán querido

condicional	condicional comp.
querría	habría querido
querrías	habrías querido
querría	habría querido
querríamos	habríamos querido
querríais	habríais querido
querrían	habrían querido

SUBJUNTIVO

presente	imperfecto
quiera	quisiera / quisiese
quieras	quisieras / quisieses
quiera	quisiera / quisiese
queramos	quisiéramos / quisiésemos
queráis	quisierais / quisieseis
quieran	quisieran / quisiesen

perfecto	pluscuamperfecto
haya querido	hubiera / hubiese querido
hayas querido	hubieras / -ieses querido
haya querido	hubiera / -iese querido
hayamos querido	hubiéramos / -iésemos querido
hayáis querido	hubierais / -ieseis querido
hayan querido	hubieran / -iesen querido

IMPERATIVO

	afirmativo	negativo
(tú)	quiere	no quieras
(usted)	quiera	no quiera
(nosotros)	queramos	no queramos
(vosotros)	quered	no queráis
(ustedes)	quieran	no quieran

INFINITIVO

simple	compuesto
querer	haber querido

GERUNDIO

simple	compuesto
queriendo	habiendo querido

PARTICIPIO

querido

rehusar

ablehnen

-u- → **-ú-** (s. auch Seite 8)

INDICATIVO

presente	pretérito perfecto
rehúso	he rehusado
rehúsas	has rehusado
rehúsa	ha rehusado
rehusamos	hemos rehusado
rehusáis	habéis rehusado
rehúsan	han rehusado

imperfecto	pluscuamperfecto
rehusaba	había rehusado
rehusabas	habías rehusado
rehusaba	había rehusado
rehusábamos	habíamos rehusado
rehusabais	habíais rehusado
rehusaban	habían rehusado

indefinido	pretérito anterior
rehusé	hube rehusado
rehusaste	hubiste rehusado
rehusó	hubo rehusado
rehusamos	hubimos rehusado
rehusasteis	hubisteis rehusado
rehusaron	hubieron rehusado

futuro imp.	futuro perfecto
rehusaré	habré rehusado
rehusarás	habrás rehusado
rehusará	habrá rehusado
rehusaremos	habremos rehusado
rehusaréis	habréis rehusado
rehusarán	habrán rehusado

condicional	condicional comp.
rehusaría	habría rehusado
rehusarías	habrías rehusado
rehusaría	habría rehusado
rehusaríamos	habríamos rehusado
rehusaríais	habríais rehusado
rehusarían	habrían rehusado

SUBJUNTIVO

presente	imperfecto
rehúse	rehusara / rehusase
rehúses	rehusaras / rehusases
rehúse	rehusara / rehusase
rehusemos	rehusáramos / rehusásemos
rehuséis	rehusarais / rehusaseis
rehúsen	rehusaran / rehusasen

perfecto	pluscuamperfecto
haya rehusado	hubiera / hubiese rehusado
hayas rehusado	hubieras / -ieses rehusado
haya rehusado	hubiera / -iese rehusado
hayamos rehusado	hubiéramos / -iésemos rehusado
hayáis rehusado	hubierais / -ieseis rehusado
hayan rehusado	hubieran / -iesen rehusado

IMPERATIVO

	afirmativo	negativo
(tú)	rehúsa	no rehúses
(usted)	rehúse	no rehúse
(nosotros)	rehusemos	no rehusemos
(vosotros)	rehusad	no rehuséis
(ustedes)	rehúsen	no rehúsen

INFINITIVO

simple	compuesto
rehusar	haber rehusado

GERUNDIO

simple	compuesto
rehusando	habiendo rehusado

PARTICIPIO

rehusado

reír
lachen

Im Gegensatz zum Deutschen kann *reír* im Spanischen auch reflexiv sein: *nos reímos, se han reído…*

INDICATIVO

presente	pretérito perfecto
río	he reído
ríes	has reído
ríe	ha reído
reímos	hemos reído
reís	habéis reído
ríen	han reído

imperfecto	pluscuamperfecto
reía	había reído
reías	habías reído
reía	había reído
reíamos	habíamos reído
reíais	habíais reído
reían	habían reído

indefinido	pretérito anterior
reí	hube reído
reíste	hubiste reído
rió	hubo reído
reímos	hubimos reído
reísteis	hubisteis reído
rieron	hubieron reído

futuro imp.	futuro perfecto
reiré	habré reído
reirás	habrás reído
reirá	habrá reído
reiremos	habremos reído
reiréis	habréis reído
reirán	habrán reído

condicional	condicional comp.
reiría	habría reído
reirías	habrías reído
reiría	habría reído
reiríamos	habríamos reído
reiríais	habríais reído
reirían	habrían reído

SUBJUNTIVO

presente	imperfecto
ría	riera / riese
rías	rieras / rieses
ría	riera / riese
riamos	riéramos / riésemos
riáis	rierais / rieseis
rían	rieran / riesen

perfecto	pluscuamperfecto
haya reído	hubiera / hubiese reído
hayas reído	hubieras / -ieses reído
haya reído	hubiera / -iese reído
hayamos reído	hubiéramos / -iésemos reído
hayáis reído	hubierais / -ieseis reído
hayan reído	hubieran / -iesen reído

IMPERATIVO

	afirmativo	negativo
(tú)	ríe	no rías
(usted)	ría	no ría
(nosotros)	riamos	no riamos
(vosotros)	reíd	no riáis
(ustedes)	rían	no rían

INFINITIVO

simple	compuesto
reír	haber reído

GERUNDIO

simple	compuesto
riendo	habiendo reído

PARTICIPIO

reído

reñir

streiten, zanken

-e- → -i-

INDICATIVO

presente	**pretérito perfecto**
riño	he reñido
riñes	has reñido
riñe	ha reñido
reñimos	hemos reñido
reñís	habéis reñido
riñen	han reñido

imperfecto	**pluscuamperfecto**
reñía	había reñido
reñías	habías reñido
reñía	había reñido
reñíamos	habíamos reñido
reñíais	habíais reñido
reñían	habían reñido

indefinido	**pretérito anterior**
reñí	hube reñido
reñiste	hubiste reñido
riñó	hubo reñido
reñimos	hubimos reñido
reñisteis	hubisteis reñido
riñeron	hubieron reñido

futuro imp.	**futuro perfecto**
reñiré	habré reñido
reñirás	habrás reñido
reñirá	habrá reñido
reñiremos	habremos reñido
reñiréis	habréis reñido
reñirán	habrán reñido

condicional	**condicional comp.**
reñiría	habría reñido
reñirías	habrías reñido
reñiría	habría reñido
reñiríamos	habríamos reñido
reñiríais	habríais reñido
reñirían	habrían reñido

SUBJUNTIVO

presente	**imperfecto**
riña	riñera / riñese
riñas	riñeras / riñeses
riña	riñera / riñese
riñamos	riñéramos / riñésemos
riñáis	riñerais / riñeseis
riñan	riñeran / riñesen

perfecto	**pluscuamperfecto**
haya reñido	hubiera / hubiese reñido
hayas reñido	hubieras / -ieses reñido
haya reñido	hubiera / -iese reñido
hayamos reñido	hubiéramos / -iésemos reñido
hayáis reñido	hubierais / -ieseis reñido
hayan reñido	hubieran / -iesen reñido

IMPERATIVO

afirmativo		**negativo**
(tú)	riñe	no riñas
(usted)	riña	no riña
(nosotros)	riñamos	no riñamos
(vosotros)	reñid	no riñáis
(ustedes)	riñan	no riñan

INFINITIVO

simple	**compuesto**
reñir	haber reñido

GERUNDIO

simple	**compuesto**
riñendo	habiendo reñido

PARTICIPIO

reñido

rogar

bitten

-o- → **-ue-** / **-g-** → **-gu-** (vor **-e**; s. auch Seite 8)

INDICATIVO

presente	**pretérito perfecto**
ruego	he rogado
ruegas	has rogado
ruega	ha rogado
rogamos	hemos rogado
rogáis	habéis rogado
ruegan	han rogado

imperfecto	**pluscuamperfecto**
rogaba	había rogado
rogabas	habías rogado
rogaba	había rogado
rogábamos	habíamos rogado
rogabais	habíais rogado
rogaban	habían rogado

indefinido	**pretérito anterior**
rogué	hube rogado
rogaste	hubiste rogado
rogó	hubo rogado
rogamos	hubimos rogado
rogasteis	hubisteis rogado
rogaron	hubieron rogado

futuro imp.	**futuro perfecto**
rogaré	habré rogado
rogarás	habrás rogado
rogará	habrá rogado
rogaremos	habremos rogado
rogaréis	habréis rogado
rogarán	habrán rogado

condicional	**condicional comp.**
rogaría	habría rogado
rogarías	habrías rogado
rogaría	habría rogado
rogaríamos	habríamos rogado
rogaríais	habríais rogado
rogarían	habrían rogado

SUBJUNTIVO

presente	**imperfecto**
ruegue	rogara / rogase
ruegues	rogaras / rogases
ruegue	rogara / rogase
roguemos	rogáramos / rogásemos
roguéis	rogarais / rogaseis
rueguen	rogaran / rogasen

perfecto	**pluscuamperfecto**
haya rogado	hubiera / hubiese rogado
hayas rogado	hubieras / -ieses rogado
haya rogado	hubiera / -iese rogado
hayamos rogado	hubiéramos / -iésemos rogado
hayáis rogado	hubierais / -ieseis rogado
hayan rogado	hubieran / -iesen rogado

IMPERATIVO

	afirmativo	**negativo**
(tú)	ruega	no ruegues
(usted)	ruegue	no ruegue
(nosotros)	roguemos	no roguemos
(vosotros)	rogad	no roguéis
(ustedes)	rueguen	no rueguen

INFINITIVO

simple	**compuesto**
rogar	haber rogado

GERUNDIO

simple	**compuesto**
rogando	habiendo rogado

PARTICIPIO

rogado

saber
wissen, können

INDICATIVO

presente	pretérito perfecto
sé	he sabido
sabes	has sabido
sabe	ha sabido
sabemos	hemos sabido
sabéis	habéis sabido
saben	han sabido

imperfecto	pluscuamperfecto
sabía	había sabido
sabías	habías sabido
sabía	había sabido
sabíamos	habíamos sabido
sabíais	habíais sabido
sabían	habían sabido

indefinido	pretérito anterior
supe	hube sabido
supiste	hubiste sabido
supo	hubo sabido
supimos	hubimos sabido
supisteis	hubisteis sabido
supieron	hubieron sabido

futuro imp.	futuro perfecto
sabré	habré sabido
sabrás	habrás sabido
sabrá	habrá sabido
sabremos	habremos sabido
sabréis	habréis sabido
sabrán	habrán sabido

condicional	condicional comp.
sabría	habría sabido
sabrías	habrías sabido
sabría	habría sabido
sabríamos	habríamos sabido
sabríais	habríais sabido
sabrían	habrían sabido

SUBJUNTIVO

presente	imperfecto
sepa	supiera / supiese
sepas	supieras / supieses
sepa	supiera / supiese
sepamos	supiéramos / supiésemos
sepáis	supierais / supieseis
sepan	supieran / supiesen

perfecto	pluscuamperfecto
haya sabido	hubiera / hubiese sabido
hayas sabido	hubieras / -ieses sabido
haya sabido	hubiera / -iese sabido
hayamos sabido	hubiéramos / -iésemos sabido
hayáis sabido	hubierais / -ieseis sabido
hayan sabido	hubieran / -iesen sabido

IMPERATIVO

afirmativo		negativo
(tú)	sabe	no sepas
(usted)	sepa	no sepa
(nosotros)	sepamos	no sepamos
(vosotros)	sabed	no sepáis
(ustedes)	sepan	no sepan

INFINITIVO

simple	compuesto
saber	haber sabido

GERUNDIO

simple	compuesto
sabiendo	habiendo sabido

PARTICIPIO

sabido

salir

ausgehen, starten

-l- → -lg-

INDICATIVO

presente	**pretérito perfecto**
salgo	he salido
sales	has salido
sale	ha salido
salimos	hemos salido
salís	habéis salido
salen	han salido

imperfecto	**pluscuamperfecto**
salía	había salido
salías	habías salido
salía	había salido
salíamos	habíamos salido
salíais	habíais salido
salían	habían salido

indefinido	**pretérito anterior**
salí	hube salido
saliste	hubiste salido
salió	hubo salido
salimos	hubimos salido
salisteis	hubisteis salido
salieron	hubieron salido

futuro imp.	**futuro perfecto**
saldré	habré salido
saldrás	habrás salido
saldrá	habrá salido
saldremos	habremos salido
saldréis	habréis salido
saldrán	habrán salido

condicional	**condicional comp.**
saldría	habría salido
saldrías	habrías salido
saldría	habría salido
saldríamos	habríamos salido
saldríais	habríais salido
saldrían	habrían salido

SUBJUNTIVO

presente	**imperfecto**
salga	saliera / saliese
salgas	salieras / salieses
salga	saliera / saliese
salgamos	saliéramos / saliésemos
salgáis	salierais / salieseis
salgan	salieran / saliesen

perfecto	**pluscuamperfecto**
haya salido	hubiera / hubiese salido
hayas salido	hubieras / -ieses salido
haya salido	hubiera / -iese salido
hayamos salido	hubiéramos / -iésemos salido
hayáis salido	hubierais / -ieseis salido
hayan salido	hubieran / -iesen salido

IMPERATIVO

afirmativo		**negativo**
(tú)	sal	no salgas
(usted)	salga	no salga
(nosotros)	salgamos	no salgamos
(vosotros)	salid	no salgáis
(ustedes)	salgan	no salgan

INFINITIVO

simple	**compuesto**
salir	haber salido

GERUNDIO

simple	**compuesto**
saliendo	habiendo salido

PARTICIPIO

salido

satisfacer
befriedigen, zufriedenstellen

INDICATIVO

presente	pretérito perfecto
satisfago	he satisfecho
satisfaces	has satisfecho
satisface	ha satisfecho
satisfacemos	hemos satisfecho
satisfacéis	habéis satisfecho
satisfacen	han satisfecho

imperfecto	pluscuamperfecto
satisfacía	había satisfecho
satisfacías	habías satisfecho
satisfacía	había satisfecho
satisfacíamos	habíamos satisfecho
satisfacíais	habíais satisfecho
satisfacían	habían satisfecho

indefinido	pretérito anterior
satisfice	hube satisfecho
satisficiste	hubiste satisfecho
satisfizo	hubo satisfecho
satisficimos	hubimos satisfecho
satisficisteis	hubisteis satisfecho
satisficieron	hubieron satisfecho

futuro imp.	futuro perfecto
satisfaré	habré satisfecho
satisfarás	habrás satisfecho
satisfará	habrá satisfecho
satisfaremos	habremos satisfecho
satisfaréis	habréis satisfecho
satisfarán	habrán satisfecho

condicional	condicional comp.
satisfaría	habría satisfecho
satisfarías	habrías satisfecho
satisfaría	habría satisfecho
satisfaríamos	habríamos satisfecho
satisfaríais	habríais satisfecho
satisfarían	habrían satisfecho

SUBJUNTIVO

presente	imperfecto
satisfaga	satisficiera / satisficiese
satisfagas	satisficieras / satisficieses
satisfaga	satisficiera / satisficiese
satisfagamos	satisficiéramos / satisficiésemos
satisfagáis	satisficierais / satisficieseis
satisfagan	satisficieran / satisficiesen

perfecto	pluscuamperfecto
haya satisfecho	hubiera / hubiese satisfecho
hayas satisfecho	hubieras / -ieses satisfecho
haya satisfecho	hubiera / -iese satisfecho
hayamos satisfecho	hubiéramos / -iésemos satisfecho
hayáis satisfecho	hubierais / -ieseis satisfecho
hayan satisfecho	hubieran / -iesen satisfecho

IMPERATIVO

afirmativo		negativo
(tú)	satisfaz	no satisfagas
(usted)	satisfaga	no satisfaga
(nosotros)	satisfagamos	no satisfagamos
(vosotros)	satisfaced	no satisfagáis
(ustedes)	satisfagan	no satisfagan

INFINITIVO

simple	compuesto
satisfacer	haber satisfecho

GERUNDIO

simple	compuesto
satisfaciendo	habiendo satisfecho

PARTICIPIO

satisfecho

seguir

folgen, fortfahren

-e- → **-i-** / **-gu-** → **-g-** (vor **-a** und **-o**; s. auch Seite 8)

INDICATIVO

presente	**pretérito perfecto**
sigo	he seguido
sigues	has seguido
sigue	ha seguido
seguimos	hemos seguido
seguís	habéis seguido
siguen	han seguido

imperfecto	**pluscuamperfecto**
seguía	había seguido
seguías	habías seguido
seguía	había seguido
seguíamos	habíamos seguido
seguíais	habíais seguido
seguían	habían seguido

indefinido	**pretérito anterior**
seguí	hube seguido
seguiste	hubiste seguido
siguió	hubo seguido
seguimos	hubimos seguido
seguisteis	hubisteis seguido
siguieron	hubieron seguido

futuro imp.	**futuro perfecto**
seguiré	habré seguido
seguirás	habrás seguido
seguirá	habrá seguido
seguiremos	habremos seguido
seguiréis	habréis seguido
seguirán	habrán seguido

condicional	**condicional comp.**
seguiría	habría seguido
seguirías	habrías seguido
seguiría	habría seguido
seguiríamos	habríamos seguido
seguiríais	habríais seguido
seguirían	habrían seguido

SUBJUNTIVO

presente	**imperfecto**
siga	siguiera / siguiese
sigas	siguieras / siguieses
siga	siguiera / siguiese
sigamos	siguiéramos / siguiésemos
sigáis	siguierais / siguiesen
sigan	siguieran / siguiesen

perfecto	**pluscuamperfecto**
haya seguido	hubiera / hubiese seguido
hayas seguido	hubieras / -ieses seguido
haya seguido	hubiera / -iese seguido
hayamos seguido	hubiéramos / -iésemos seguido
hayáis seguido	hubierais / -ieseis seguido
hayan seguido	hubieran / -iesen seguido

IMPERATIVO

afirmativo		**negativo**
(tú)	sigue	no sigas
(usted)	siga	no siga
(nosotros)	sigamos	no sigamos
(vosotros)	seguid	no sigáis
(ustedes)	sigan	no sigan

INFINITIVO

simple	**compuesto**
seguir	haber seguido

GERUNDIO

simple	**compuesto**
siguiendo	habiendo seguido

PARTICIPIO

seguido

sentir

fühlen, bedauern

-e- → -ie-, -i-

INDICATIVO

presente	**pretérito perfecto**
siento	he sentido
sientes	has sentido
siente	ha sentido
sentimos	hemos sentido
sentís	habéis sentido
sienten	han sentido

imperfecto	**pluscuamperfecto**
sentía	había sentido
sentías	habías sentido
sentía	había sentido
sentíamos	habíamos sentido
sentíais	habíais sentido
sentían	habían sentido

indefinido	**pretérito anterior**
sentí	hube sentido
sentiste	hubiste sentido
sintió	hubo sentido
sentimos	hubimos sentido
sentisteis	hubisteis sentido
sintieron	hubieron sentido

futuro imp.	**futuro perfecto**
sentiré	habré sentido
sentirás	habrás sentido
sentiré	habrá sentido
sentiremos	habremos sentido
sentiréis	habréis sentido
sentirán	habrán sentido

condicional	**condicional comp.**
sentiría	habría sentido
sentirías	habrías sentido
sentiría	habría sentido
sentiríamos	habríamos sentido
sentiríais	habríais sentido
sentirían	habrían sentido

SUBJUNTIVO

presente	**imperfecto**
sienta	sintiera / sintiese
sientas	sintieras / sintieses
sienta	sintiera / sintiese
sintamos	sintiéramos / sintiésemos
sintáis	sintierais / sintieseis
sientan	sintieran / sintiesen

perfecto	**pluscuamperfecto**
haya sentido	hubiera / hubiese sentido
hayas sentido	hubieras / -ieses sentido
haya sentido	hubiera / -iese sentido
hayamos sentido	hubiéramos / -iésemos sentido
hayáis sentido	hubierais / -ieseis sentido
hayan sentido	hubieran / -iesen sentido

IMPERATIVO

afirmativo		**negativo**
(tú)	siente	no sientas
(usted)	sienta	no sienta
(nosotros)	sintamos	no sintamos
(vosotros)	sentid	no sintáis
(ustedes)	sientan	no sientan

INFINITIVO

simple	**compuesto**
sentir	haber sentido

GERUNDIO

simple	**compuesto**
sintiendo	habiendo sentido

PARTICIPIO

sentido

soler
pflegen

-o- → -ue-

INDICATIVO

presente	pretérito perfecto
suelo	—
sueles	—
suele	—
solemos	—
soléis	—
suelen	—

imperfecto	pluscuamperfecto
solía	—
solías	—
solía	—
solíamos	—
solíais	—
solían	—

indefinido	pretérito anterior
solí	—
soliste	—
solió	—
solimos	—
solisteis	—
solieron	—

futuro imp.	futuro perfecto
—	—
—	—
—	—
—	—
—	—
—	—

condicional	condicional comp.
—	—
—	—
—	—
—	—
—	—
—	—

SUBJUNTIVO

presente	imperfecto
suela	soliera / soliese
suelas	solieras / solieses
suela	soliera / soliese
solamos	soliera / soliese
soláis	soliéramos / soliésemos
suelan	solieran / soliesen

perfecto	pluscuamperfecto
—	—
—	—
—	—
—	—
—	—
—	—

IMPERATIVO

afirmativo	negativo
—	—
—	—
—	—
—	—
—	—

INFINITIVO

simple	compuesto
soler	—

GERUNDIO

simple	compuesto
—	—

PARTICIPIO

—

tener

haben, besitzen

INDICATIVO

presente	pretérito perfecto
tengo	he tenido
tienes	has tenido
tiene	ha tenido
tenemos	hemos tenido
tenéis	habéis tenido
tienen	han tenido

imperfecto	pluscuamperfecto
tenía	había tenido
tenías	habías tenido
tenía	había tenido
teníamos	habíamos tenido
teníais	habíais tenido
tenían	habían tenido

indefinido	pretérito anterior
tuve	hube tenido
tuviste	hubiste tenido
tuvo	hubo tenido
tuvimos	hubimos tenido
tuvisteis	hubisteis tenido
tuvieron	hubieron tenido

futuro imp.	futuro perfecto
tendré	habré tenido
tendrás	habrás tenido
tendrá	habrá tenido
tendremos	habremos tenido
tendréis	habréis tenido
tendrán	habrán tenido

condicional	condicional comp.
tendría	habría tenido
tendrías	habrías tenido
tendría	habría tenido
tendríamos	habríamos tenido
tendríais	habríais tenido
tendrían	habrían tenido

SUBJUNTIVO

presente	imperfecto
tenga	tuviera / tuviese
tengas	tuvieras / tuvieses
tenga	tuviera / tuviese
tengamos	tuviéramos / tuviésemos
tengáis	tuvierais / tuvieseis
tengan	tuvieran / tuviesen

perfecto	pluscuamperfecto
haya tenido	hubiera / hubiese tenido
hayas tenido	hubieras / -ieses tenido
haya tenido	hubiera / -iese tenido
hayamos tenido	hubiéramos / -iésemos tenido
hayáis tenido	hubierais / -ieseis tenido
hayan tenido	hubieran / -iesen tenido

IMPERATIVO

afirmativo		negativo
(tú)	ten	no tengas
(usted)	tenga	no tenga
(nosotros)	tengamos	no tengamos
(vosotros)	tened	no tengáis
(ustedes)	tengan	no tengan

INFINITIVO

simple	compuesto
tener	haber tenido

GERUNDIO

simple	compuesto
teniendo	habiendo tenido

PARTICIPIO

tenido

torcer

abbiegen, drehen

-o- → **-ue-** / **-c-** → **-z-** (vor **-a** und **-o**; s. auch Seite 8)

INDICATIVO

presente	pretérito perfecto
tuerzo	he torcido
tuerces	has torcido
tuerce	ha torcido
torcemos	hemos torcido
torcéis	habéis torcido
tuercen	han torcido

imperfecto	pluscuamperfecto
torcía	había torcido
torcías	habías torcido
torcía	había torcido
torcíamos	habíamos torcido
torcíais	habíais torcido
torcían	habían torcido

indefinido	pretérito anterior
torcí	hube torcido
torciste	hubiste torcido
torció	hubo torcido
torcimos	hubimos torcido
torcisteis	hubisteis torcido
torcieron	hubieron torcido

futuro imp.	futuro perfecto
torceré	habré torcido
torcerás	habrás torcido
torcerá	habrá torcido
torceremos	habremos torcido
torceréis	habréis torcido
torcerán	habrán torcido

condicional	condicional comp.
torcería	habría torcido
torcerías	habrías torcido
torcería	habría torcido
torceríamos	habríamos torcido
torceríais	habríais torcido
torcerían	habrían torcido

SUBJUNTIVO

presente	imperfecto
tuerza	torciera / torciese
tuerzas	torcieras / torcieses
tuerza	torciera / torciese
torzamos	torciéramos / torciésemos
torzáis	torcierais / torcieseis
tuerzan	torcieran / torciesen

perfecto	pluscuamperfecto
haya torcido	hubiera / hubiese torcido
hayas torcido	hubieras / -ieses torcido
haya torcido	hubiera / -iese torcido
hayamos torcido	hubiéramos / -iésemos torcido
hayáis torcido	hubierais / -ieseis torcido
hayan torcido	hubieran / -iesen torcido

IMPERATIVO

	afirmativo	negativo
(tú)	tuerce	no tuerzas
(usted)	tuerza	no tuerza
(nosotros)	torzamos	no torzamos
(vosotros)	torced	no torzáis
(ustedes)	tuerzan	no tuerzan

INFINITIVO

simple	compuesto
torcer	haber torcido

GERUNDIO

simple	compuesto
torciendo	habiendo torcido

PARTICIPIO

torcido

traer

(her)bringen

INDICATIVO

presente	pretérito perfecto
traigo	he traído
traes	has traído
trae	ha traído
traemos	hemos traído
traéis	habéis traído
traen	han traído

imperfecto	pluscuamperfecto
traía	había traído
traías	habías traído
traía	había traído
traíamos	habíamos traído
traíais	habíais traído
traían	habían traído

indefinido	pretérito anterior
traje	hube traído
trajiste	hubiste traído
trajo	hubo traído
trajimos	hubimos traído
trajisteis	hubisteis traído
trajeron	hubieron traído

futuro imp.	futuro perfecto
traeré	habré traído
traerás	habrás traído
traerá	habrá traído
traeremos	habremos traído
traeréis	habréis traído
traerán	habrán traído

condicional	condicional comp.
traería	habría traído
traerías	habrías traído
traería	habría traído
traeríamos	habríamos traído
traeríais	habríais traído
traerían	habrían traído

SUBJUNTIVO

presente	imperfecto
traiga	trajera / trajese
traigas	trajeras / trajeses
traiga	trajera / trajese
traigamos	trajéramos / trajésemos
traigáis	trajerais / trajeseis
traigan	trajeran / trajesen

perfecto	pluscuamperfecto
haya traído	hubiera / hubiese traído
hayas traído	hubieras / -ieses traído
haya traído	hubiera / -iese traído
hayamos traído	hubiéramos / -iésemos traído
hayáis traído	hubierais / -ieseis traído
hayan traído	hubieran / -iesen traído

IMPERATIVO

afirmativo		negativo
(tú)	trae	no traigas
(usted)	traiga	no traiga
(nosotros)	traigamos	no traigamos
(vosotros)	traed	no traigáis
(ustedes)	traigan	no traigan

INFINITIVO

simple	compuesto
traer	haber traído

GERUNDIO

simple	compuesto
trayendo	habiendo traído

PARTICIPIO

traído

valer

kosten, wert sein; taugen

-l- → -lg-

INDICATIVO

presente	**pretérito perfecto**
valgo	he valido
vales	has valido
vale	ha valido
valemos	hemos valido
valéis	habéis valido
valen	han valido

imperfecto	**pluscuamperfecto**
valía	había valido
valías	habías valido
valía	había valido
valíamos	habíamos valido
valíais	habíais valido
valían	habían valido

indefinido	**pretérito anterior**
valí	hube valido
valiste	hubiste valido
valió	hubo valido
valimos	hubimos valido
valisteis	hubisteis valido
valieron	hubieron valido

futuro imp.	**futuro perfecto**
valdré	habré valido
valdrás	habrás valido
valdrá	habrá valido
valdremos	habremos valido
valdréis	habréis valido
valdrán	habrán valido

condicional	**condicional comp.**
valdría	habría valido
valdrías	habrías valido
valdría	habría valido
valdríamos	habríamos valido
valdríais	habríais valido
valdrían	habrían valido

SUBJUNTIVO

presente	**imperfecto**
valga	valiera / valiese
valgas	valieras / valieses
valga	valiera / valiese
valgamos	valiéramos / valiésemos
valgáis	valierais / valieseis
valgan	valieran / valiesen

perfecto	**pluscuamperfecto**
haya valido	hubiera / hubiese valido
hayas valido	hubieras / -ieses valido
haya valido	hubiera / -iese valido
hayamos valido	hubiéramos / -iésemos valido
hayáis valido	hubierais / -ieseis valido
hayan valido	hubieran / -iesen valido

IMPERATIVO

	afirmativo	**negativo**
(tú)	vale	no valgas
(usted)	valga	no valga
(nosotros)	valgamos	no valgamos
(vosotros)	valed	no valgáis
(ustedes)	valgan	no valgan

INFINITIVO

simple	**compuesto**
valer	haber valido

GERUNDIO

simple	**compuesto**
valiendo	habiendo valido

PARTICIPIO

valido

vencer

(be)siegen

-c- → **-z-** (vor **-a** und **-o**; s. auch Seite 8)

INDICATIVO

presente	**pretérito perfecto**
venzo	he vencido
vences	has vencido
vence	ha vencido
vencemos	hemos vencido
vencéis	habéis vencido
vencen	han vencido

imperfecto	**pluscuamperfecto**
vencía	había vencido
vencías	habías vencido
vencía	había vencido
vencíamos	habíamos vencido
vencíais	habíais vencido
vencían	habían vencido

indefinido	**pretérito anterior**
vencí	hube vencido
venciste	hubiste vencido
venció	hubo vencido
vencimos	hubimos vencido
vencisteis	hubisteis vencido
vencieron	hubieron vencido

futuro imp.	**futuro perfecto**
venceré	habré vencido
vencerás	habrás vencido
vencerá	habrá vencido
venceremos	habremos vencido
venceréis	habréis vencido
vencerán	habrán vencido

condicional	**condicional comp.**
vencería	habría vencido
vencerías	habrías vencido
vencería	habría vencido
venceríamos	habríamos vencido
venceríais	habríais vencido
vencerían	habrían vencido

SUBJUNTIVO

presente	**imperfecto**
venza	venciera / venciese
venzas	vencieras / vencieses
venza	venciera / venciese
venzamos	venciéramos / venciésemos
venzáis	vencierais / venciesen
venzan	vencieran / venciesen

perfecto	**pluscuamperfecto**
haya vencido	hubiera / hubiese vencido
hayas vencido	hubieras / -ieses vencido
haya vencido	hubiera / -iese vencido
hayamos vencido	hubiéramos / -iésemos vencido
hayáis vencido	hubierais / -ieseis vencido
hayan vencido	hubieran / -iesen vencido

IMPERATIVO

afirmativo		**negativo**
(tú)	vence	no venzas
(usted)	venza	no venza
(nosotros)	venzamos	no venzamos
(vosotros)	venced	no venzáis
(ustedes)	venzan	no venzan

INFINITIVO

simple	**compuesto**
vencer	haber vencido

GERUNDIO

simple	**compuesto**
venciendo	habiendo vencido

PARTICIPIO

vencido

venir

(her)kommen

INDICATIVO

presente	pretérito perfecto
vengo	he venido
vienes	has venido
viene	ha venido
venimos	hemos venido
venís	habéis venido
vienen	han venido

imperfecto	pluscuamperfecto
venía	había venido
venías	habías venido
venía	había venido
veníamos	habíamos venido
veníais	habíais venido
venían	habían venido

indefinido	pretérito anterior
vine	hube venido
viniste	hubiste venido
vino	hubo venido
vinimos	hubimos venido
vinisteis	hubisteis venido
vinieron	hubieron venido

futuro imp.	futuro perfecto
vendré	habré venido
vendrás	habrás venido
vendrá	habrá venido
vendremos	habremos venido
vendréis	habréis venido
vendrán	habrán venido

condicional	condicional comp.
vendría	habría venido
vendrías	habrías venido
vendría	habría venido
vendríamos	habríamos venido
vendríais	habríais venido
vendrían	habrían venido

SUBJUNTIVO

presente	imperfecto
venga	viniera / viniese
vengas	vinieras / vinieses
venga	viniera / viniese
vengamos	viniéramos / viniésemos
vengáis	vinierais / vinieseis
vengan	vinieran / viniesen

perfecto	pluscuamperfecto
haya venido	hubiera / hubiese venido
hayas venido	hubieras / -ieses venido
haya venido	hubiera / -iese venido
hayamos venido	hubiéramos / -iésemos venido
hayáis venido	hubierais / -ieseis venido
hayan venido	hubieran / -iesen venido

IMPERATIVO

afirmativo		negativo
(tú)	ven	no vengas
(usted)	venga	no venga
(nosotros)	vengamos	no vengamos
(vosotros)	venid	no vengáis
(ustedes)	vengan	no vengan

INFINITIVO

simple	compuesto
venir	haber venido

GERUNDIO

simple	compuesto
viniendo	habiendo venido

PARTICIPIO

venido

ver
sehen

INDICATIVO

presente	pretérito perfecto
veo	he visto
ves	has visto
ve	ha visto
vemos	hemos visto
veis	habéis visto
ven	han visto

imperfecto	pluscuamperfecto
veía	había visto
veías	habías visto
veía	había visto
veíamos	habíamos visto
veíais	habíais visto
veían	habían visto

indefinido	pretérito anterior
vi	hube visto
viste	hubiste visto
vio	hubo visto
vimos	hubimos visto
visteis	hubisteis visto
vieron	hubieron visto

futuro imp.	futuro perfecto
veré	habré visto
verás	habrás visto
verá	habrá visto
veremos	habremos visto
veréis	habréis visto
verán	habrán visto

condicional	condicional comp.
vería	habría visto
verías	habrías visto
vería	habría visto
veríamos	habríamos visto
veríais	habríais visto
verían	habrían visto

SUBJUNTIVO

presente	imperfecto
vea	viera / viese
veas	vieras / vieses
vea	viera / viese
veamos	viéramos / viésemos
veáis	vierais / vieseis
vean	vieran / viesen

perfecto	pluscuamperfecto
haya visto	hubiera / hubiese visto
hayas visto	hubieras / -ieses visto
haya visto	hubiera / -iese visto
hayamos visto	hubiéramos / -iésemos visto
hayáis visto	hubierais / -ieseis visto
hayan visto	hubieran / -iesen visto

IMPERATIVO

afirmativo		negativo
(tú)	ve	no veas
(usted)	vea	no vea
(nosotros)	veamos	no veamos
(vosotros)	ved	no veáis
(ustedes)	vean	no vean

INFINITIVO

simple	compuesto
ver	haber visto

GERUNDIO

simple	compuesto
viendo	habiendo visto

PARTICIPIO

visto

volcar

umwerfen, umkippen

-o- → **-ue-** / **-c-** → **-qu-** (vor **-e**; s. auch Seite 8)

INDICATIVO

presente	**pretérito perfecto**
vuelco	he volcado
vuelcas	has volcado
vuelca	ha volcado
volcamos	hemos volcado
volcáis	habéis volcado
vuelcan	han volcado

imperfecto	**pluscuamperfecto**
volcaba	había volcado
volcabas	habías volcado
volcaba	había volcado
volcábamos	habíamos volcado
volcabais	habíais volcado
volcaban	habían volcado

indefinido	**pretérito anterior**
volqué	hube volcado
volcaste	hubiste volcado
volcó	hubo volcado
volcamos	hubimos volcado
volcasteis	hubisteis volcado
volcaron	hubieron volcado

futuro imp.	**futuro perfecto**
volcaré	habré volcado
volcarás	habrás volcado
volcará	habrá volcado
volcaremos	habremos volcado
volcaréis	habréis volcado
volcarán	habrán volcado

condicional	**condicional comp.**
volcaría	habría volcado
volcarías	habrías volcado
volcaría	habría volcado
volcaríamos	habríamos volcado
volcaríais	habríais volcado
volcarían	habrían volcado

SUBJUNTIVO

presente	**imperfecto**
vuelque	volcara / volcase
vuelques	volcaras / volcases
vuelque	volcara / volcase
volquemos	volcáramos / volcásemos
volquéis	volcarais / volcaseis
vuelquen	volcaran / volcasen

perfecto	**pluscuamperfecto**
haya volcado	hubiera / hubiese volcado
hayas volcado	hubieras / -ieses volcado
haya volcado	hubiera / -iese volcado
hayamos volcado	hubiéramos / -iésemos volcado
hayáis volcado	hubierais / -ieseis volcado
hayan volcado	hubieran / -iesen volcado

IMPERATIVO

afirmativo		**negativo**
(tú)	vuelca	no vuelques
(usted)	vuelque	no vuelque
(nosotros)	volquemos	no volquemos
(vosotros)	volcad	no volquéis
(ustedes)	vuelquen	no vuelquen

INFINITIVO

simple	**compuesto**
volcar	haber volcado

GERUNDIO

simple	**compuesto**
volcando	habiendo volcado

PARTICIPIO

volcado

yacer

liegen

-c- → **-zg-** bzw. **-zc-** (vor **-a** und **-o**)

INDICATIVO

presente	**pretérito perfecto**
yazgo/yazco	he yacido
yaces	has yacido
yace	ha yacido
yacemos	hemos yacido
yacéis	habéis yacido
yacen	han yacido

imperfecto	**pluscuamperfecto**
yacía	había yacido
yacías	habías yacido
yacía	había yacido
yacíamos	habíamos yacido
yacíais	habíais yacido
yacían	habían yacido

indefinido	**pretérito anterior**
yací	hube yacido
yaciste	hubiste yacido
yació	hubo yacido
yacimos	hubimos yacido
yacisteis	hubisteis yacido
yacieron	hubieron yacido

futuro imp.	**futuro perfecto**
yaceré	habré yacido
yacerás	habrás yacido
yacerá	habrá yacido
yaceremos	habremos yacido
yaceréis	habréis yacido
yacerán	habrán yacido

condicional	**condicional comp.**
yacería	habría yacido
yacerías	habrías yacido
yacería	habría yacido
yaceríamos	habríamos yacido
yaceríais	habríais yacido
yacerían	habrían yacido

SUBJUNTIVO

presente	**imperfecto**
yazga/yazca	yaciera/yaciese
yazgas/yazcas	yacieras/yacieseis
yazga/yazca	yaciera/yaciese
yazgamos/yazcamos	yaciéramos/yaciésemos
yazgáis/yazcáis	yacierais/yacieseis
yazgan/yazcan	yacieran/yaciesen

perfecto	**pluscuamperfecto**
haya yacido	hubiera/hubiese yacido
hayas yacido	hubieras/-ieses yacido
haya yacido	hubiera/-iese yacido
hayamos yacido	hubiéramos/-iésemos yacido
hayáis yacido	hubierais/-ieseis yacido
hayan yacido	hubieran/-iesen yacido

IMPERATIVO

afirmativo	**negativo**
(tú) yace/yaz	no yazgas/yazcas
(Vd.) yazga/yazca	no yazga/yazca
(nos.) yazgamos/yazcamos	no yazgamos/yazcamos
(vos.) yaced	no yazgáis/yazcáis
(Vds.) yazgan/yazcan	no yazgan/yazcan

INFINITIVO

simple	**compuesto**
yacer	haber yacido

GERUNDIO

simple	**compuesto**
yaciendo	habiendo yacido

PARTICIPIO

yacido

zurcir

stopfen

-c- → **-z-** (vor **-a** und **-o**; s. auch Seite 8)

INDICATIVO

presente	pretérito perfecto
zurzo	he zurcido
zurces	has zurcido
zurce	ha zurcido
zurcimos	hemos zurcido
zurcís	habéis zurcido
zurcen	han zurcido

imperfecto	pluscuamperfecto
zurcía	había zurcido
zurcías	habías zurcido
zurcía	había zurcido
zurcíamos	habíamos zurcido
zurcíais	habíais zurcido
zurcían	habían zurcido

indefinido	pretérito anterior
zurcí	hube zurcido
zurciste	hubiste zurcido
zurció	hubo zurcido
zurcimos	hubimos zurcido
zurcisteis	hubisteis zurcido
zurcieron	hubieron zurcido

futuro imp.	futuro perfecto
zurciré	habré zurcido
zurcirás	habrás zurcido
zurcirá	habrá zurcido
zurciremos	habremos zurcido
zurciréis	habréis zurcido
zurcirán	habrán zurcido

condicional	condicional comp.
zurciría	habría zurcido
zurcirías	habrías zurcido
zurciría	habría zurcido
zurciríamos	habríamos zurcido
zurciríais	habríais zurcido
zurcirían	habrían zurcido

SUBJUNTIVO

presente	imperfecto
zurza	zurciera / zurciese
zurzas	zurcieras / zurcieses
zurza	zurciera / zurciese
zurzamos	zurciéramos / zurciésemos
zurzáis	zurcierais / zurcieseis
zurzan	zurcieran / zurciesen

perfecto	pluscuamperfecto
haya zurcido	hubiera / hubiese zurcido
hayas zurcido	hubieras / -ieses zurcido
haya zurcido	hubiera / -iese zurcido
hayamos zurcido	hubiéramos / -iésemos zurcido
hayáis zurcido	hubierais / -ieseis zurcido
hayan zurcido	hubieran / -iesen zurcido

IMPERATIVO

	afirmativo	negativo
(tú)	zurce	no zurzas
(usted)	zurza	no zurza
(nosotros)	zurzamos	no zurzamos
(vosotros)	zurcid	no zurzáis
(ustedes)	zurzan	no zurzan

INFINITIVO

simple	compuesto
zurcir	haber zurcido

GERUNDIO

simple	compuesto
zurciendo	habiendo zurcido

PARTICIPIO

zurcido

Rektion der häufigsten Verben

Dem Spanischlernenden kann der Gebrauch der richtigen Präposition nach einem Verb Schwierigkeiten bereiten. Die folgende Auswahl berücksichtigt daher vor allem Verben, die im Spanischen eine andere Präposition führen als im Deutschen.

abastecerse .... Nos hemos abastecido de alimentos para el fin de semana.
abonarse .... Se ha abonado a un periódico argentino.
abrir .... El museo no está hoy abierto al público.
abusar .... El partido ha abusado de su influencia en la televisión.
acabar .... Acabo de leer un libro maravilloso. – Si sigues así, acabarás pronto con todo el dinero. – Ese muchacho acaba con mi paciencia.
acomodarse .... Nos hemos acomodado a las costumbres de aquí. – Acomódese en ese sillón, si quiere.
acordarse .... Ya no me acuerdo de lo que me dijiste ayer.
acudir .... ¿Tú crees que acudirá mucha gente a la fiesta?
acusar .... Le acusan de haber robado.
admirarse .... Ella se admira de la simpatía de sus anfitriones.
advertir .... ¿Por qué no has advertido a tu madre de la llegada de tu amigo?
aficionarse .... Desde hace algún tiempo nos hemos aficionado a la lectura.
afiliarse .... Sí, me he afiliado a una asociación de deportes.
agarrar .... Agarra al niño de la mano, por favor.
ahogarse .... Estoy ahogado de tanto calor.
alegrarse .... Me he alegrado mucho de tu carta.
alquilar .... Por cinco mil pesetas hemos alquilado un coche por/para una semana.
alucinar .... Alucino con esa noticia inesperada.
anticiparse .... El defensa se anticipó siempre al delantero contrario.
apechugar .... No hay más remedio, hay que apechugar con las consecuencias.
apestar .... El agua está sucia, apesta a no sé qué.
aprovecharse .... Se han aprovechado de tu falta de experiencia.
armarse .... O te armas de paciencia o te desesperarás.
arrepentirse .... No, no me arrepiento de nada.
arriesgarse .... No sé si debemos arriesgarnos a comprar la casa.
asarse .... Vamos al jardín, aquí nos asamos de calor.
asistir .... ¿Piensas asistir a la manifestación?
asomarse .... Asómate a/por la ventana.
asombrarse .... Es normal, no sé por qué te asombras de eso.
atreverse .... No me atrevo a subir a esa montaña.
avisar .... ¿Has avisado al jefe del retraso?

brindar .... Brindo por la felicidad de la pareja.
burlarse .... Siempre se burla de mí porque no hablo bien español.

cambiar .... Lo siento, no voy, he cambiado de idea. – Hemos cambiado el coche viejo por uno nuevo y más barato.
cambiarse .... Enseguida voy, sólo quiero cambiarme de ropa.

casarse .... Se ha casado con un viejo amigo del colegio.
cesar...................... Si no cesa de llover, nos quedamos aquí.
colgar.................... Cuelga la chaqueta en el perchero, haz el favor.
comenzar.............. Aún no hemos comenzado a pintar el piso.
comprometerse.... No puedo ir, me he comprometido con Luis a/para cortar el césped.
concentrarse .... Más tarde, ahora está muy concentrado en los exámenes.
condenar .... Le han condenado a tres años de cárcel.
confiar .... ¿Tú crees que puedo confiar en él?
consistir .... ¿En qué consiste exactamente tu trabajo?
constar.................. Este libro consta de cuatro partes.
contestar .... Contestaremos por escrito a su carta.
contratar .... Han contratado a mi hija para trabajar en el periódico.
convencer .... Será difícil que convenzas a tus padres de eso.
convertirse........... Se ha convertido al budismo. – Se ha convertido en un personaje importante.
creer....................... Es muy escéptica, no cree en nada.

deberse .... Estoy seguro de que eso se debe al estrés.
decidirse .... No se ha decidido a comprar la moto.
dedicarse .... ¿A qué se dedica ahora tu novio?
dejar .... Aunque no es viejo, ya ha dejado de trabajar.
desafiar .... Me ha desafiado a una partida de ajedrez.
desconfiar .... Así es su carácter, desconfía de todo el mundo.
desdecirse .... Ahora no te desdigas de lo que prometiste ayer.
desistir .... No desistiré de mis planes hasta que lo consiga.
despertar(se) .... ¿A qué hora te has despertado hoy de la siesta?
despreocuparse.... No sé por qué, pero se despreocupa de todo.
destituir................ Han destituido de su cargo al subdirector.
desvivirse .... Se desvive por sus hijos y por la familia.
devolver................ Tengo que devolver el diccionario a mi amigo.
disfrazarse .... En carnaval me voy a disfrazar de marinero.
disuadir .... No será posible disuadir a tu padre de sus planes.
doblar .... Doble por la segunda calle a la izquierda.
dudar.................... No dudo de tu palabra, pero no lo entiendo.

ejercer .... Ernesto ejerce ahora de profesor en Sevilla.
emigrar .... Vete a saber por qué ha emigrado de Estados Unidos a México.
empatar................ Suecia y Brasil han empatado a dos.
empezar .... No he empezado todavía a preparar el examen.
enamorarse .... Se enamoró de un cubano y ahora vive allí.
encargar .... He encargado a mi compañera de contestar esa carta.
encargarse............ Yo me encargo hoy de hacer la compra.
enorgullecerse .... Creo que puedes enorgullecerte de tu trabajo.
enviar.................... ¿Es muy caro enviar ese libro a España por correo?
equivocarse .... Se ha equivocado usted de número.
escuchar................ Todos hemos escuchado a la profesora con mucho interés.

estimar .... El gerente os estima mucho **a** ti y **a** tu compañero.
examinarse .... Estoy temblando, mañana me examino **de** matemáticas.
extrañarse .... No me extraño nada **de** que no quiera trabajar ahí.

faltar .... Aún falta mucho **por** hacer. – No puedo faltar **a** la palabra dada.
fiarse .... ¿Puede uno fiarse **de** lo que diga Pablo?
forrarse .... En poco tiempo se ha forrado **de** dinero.
fracasar .... Me temo que fracasaremos **en/con** ese negocio.

gozar .... Sí, es mayor, pero goza **de** una salud estupenda.
graduarse .... Se acaba de graduar **en** Económicas.

habituarse .... Nunca me habituaré **a** una bebida como ésa.

imitar .... Imita **a** su madre **en** todos sus gestos.
incorporarse .... No puedo incorporarme **al** trabajo hasta agosto.
informar .... ¿Deberíamos informar **al** presidente **de** ese cambio?
inscribirse .... Se ha inscrito **en** una escuela de idiomas.
insistir .... No insistas **en** pagar, hoy me toca a mí.
interceder .... Yo intercederé **por** ti **ante** tu padre.
interesarse .... Desde joven se ha interesado siempre **por** los idiomas.
invitar .... ¿Has invitado también **a** Pilar **a/para** la fiesta?

jactarse .... Se jacta **de** entender mucho de ordenadores, pero no es cierto.
jugar .... Me gustaría jugar **con** usted **al** ajedrez.

limitar .... Bélgica limita **con** Francia, Holanda, Luxemburgo y Alemania.
llamar .... Espera, primero tengo que llamar **a** mi hija **por** teléfono.
llorar .... No llora **de** pena, sino **de** rabia.

meditar .... He meditado largamente **sobre/en** eso, pero aún no sé qué hacer.
militar .... Enrique milita **en** un partido de izquierdas.
mofarse .... No deberías mofarte **de** un minusválido.
morir(se) .... Ha muerto **de** cáncer **a** los noventa años.
mudarse................ Oye, ¿por qué os habéis mudado **de** esa casa **a** otra más vieja?

negarse .... No podré negarme **a** asistir a la fiesta.

obligar .... Nadie te puede obligar **a** hacer eso.
oler .... Mira en la cocina, huele **a** quemado.
olvidarse .... No te olvides **de** felicitar a tu padre.

pagar .... ¿Cuánto tendré que pagar **al** intermediario **por** el piso?
participar.............. Hombre, claro que participaremos **en** tu fiesta.
pensar .... ¿**En** qué estás pensando? – ¿Qué piensas tú **de** un negocio así?
pertenecer............ No, no pertenezco **al** partido, pero sí simpatizo con él.
preguntar .... Han preguntado **a** tu profesora **por** ti.

presumir .... Presume mucho de saberlo todo, pero no es para tanto.
privarse .... Qué bien vives, no te privas de nada.

quedar .... Hemos quedado a las nueve en la Puerta del Sol.
quedarse .... Quédese a cenar con nosotros.

recibir .... A los amigos los recibimos siempre con los brazos abiertos.
recoger .... ¿Recoges tú hoy a los niños con el coche?
recomendar .... Puedes recomendar a Antonio para ese puesto, lo hará muy bien.
recurrir .... Entonces tendremos que recurrir a un juez contra esa decisión.
referirse .... ¿A qué te refieres?
reflexionar .... No sé, no sé, tengo que reflexionar sobre eso.
regresar .... Regresó de Alemania a España después de muchos años.
rehogar .... Rehóguese en aceite a fuego lento.
renunciar .... No renuncies a ese trabajo por nada del mundo.
reñir .... Has reñido demasiado al niño por romper ese florero.
representar .... Claro, el Cónsul representa a su país en Colonia.
resignarse .... No se resigna a vivir fuera de su ciudad.
responder .... No ha respondido usted a mi pregunta. – Yo respondo de mi amigo.
responsabilizarse Yo me responsabilizo de terminar ese trabajo a tiempo.
retirarse .... Estaba muy cansado y se ha retirado a su habitación.
romper .... Rompió a llorar de alegría cuando se enteró.

saber .... La sopa sabe mucho a ajo, pero está buenísima.
salir .... No está, ha salido a comprar el periódico.
sobrevivir .... ¿Ha sobrevivido al accidente?
soñar .... Esta noche he soñado con tu primo.
sospechar .... ¿Tú crees que hay que sospechar de él?
subir .... ¿Subimos en ascensor o por la escalera?
sufrir .... Sufre bastante de asma.

tardar .... No sé por qué tarda tanto en vestirse.
terminar .... ¿Has terminado ya de leer el libro de Delibes?
tiritar .... Claro, está empapado y tiritando de frío.
torcer .... Tuerza usted primero a la izquierda y luego la segunda calle a la derecha.
trabajar .... Eduardo trabaja de ingeniero en una fábrica de coches.
traducir .... Tradúceme esta frase del alemán al español, por favor.

venir .... Jose Luis vendrá en coche desde Heidelberg.
vestir .... A pesar de sus años viste siempre a la última moda.
vestirse .... El día de tu último examen nos vestiremos todos de gala.

Liste der unregelmäßigen Verben

Die Zahl verweist auf die jeweilige Konjugationsnummer. Die in diesem Buch beispielhaft konjugierten Verben sind grün hervorgehoben. Die Anmerkungen [1] bis [16] finden Sie auf Seite 96.

A

abalanzarse 26
abarcar 15
abastecer 11
abdicar 15
abogar 45
abolir [1] 6
aborrecer 11
aborregarse 45
abrazar 26
abrigar(se) 45
abrir [2] 6
abrogar 45
absolver [3] 40
abstenerse 65
abstraer 67
acaecer [4] 11
acentuar 9
acercar(se) 15
acertar 47
achicar 15
acontecer [4] 11
acordarse 25
acostar(se) 25
acrecentar 47
actualizar 26
actuar 9
acurrucarse 15
adecuar [6] 9
adelgazar 26
aderezar 26
adherirse 63
adjudicar 15
adolecer 11
adormecer(se) 11
adquirir 10
adscribir [2] 6
aducir 21
advertir 63
afianzar 26
afincarse 15
afligir(se) 29
afluir [4] 24
agilizar 26
agonizar 26
agradecer 11
agredir [1] 6
agregar 45
agriar 22
aguar 17
agudizar(se) 26
ahogar(se) 45
ahorcar(se) 15
ahuecar 15
ahumar 55
aislar [6] 4
alargar(se) 45
albergar(se) 45
alborear [5] 4
alborozar 26
alcanzar 26
alcoholizar 26
alegar 45
alentar 47
aletargarse 45
alfabetizar 26
aliarse 22
almorzar 12
alocarse 15
alunizar 26
alzar 26
amagar 45
amanecer [5] 11
amargar 45
amenazar 26
amenizar 26
americanizar(se) 26
amerizar 26
amnistiar 22
amortiguar 17
amortizar 26
ampliar 22
amplificar 15
analizar 26
anarquizar 26
anatematizar 26
andar 13
anegar 45
animalizar(se) 26
anochecer [5] 11
ansiar 22
anteponer 51
apacentar 47
apaciguar 17
apagar 45
apalancar 15
aparcar 15
aparecer 11
apechugar 45
apegarse 45
apelmazar 26
apetecer 11
aplacar 15
aplazar 26
aplicar(se) 15
apologizar 26
apostar [7] 4 + 25
apretar 47
aprobar 25
argüir 14
armonizar 26
aromatizar 26
arraigar 45
arrancar 15
arremangarse 45
arrendar 47
arrepentirse 63
arriar 22
arriesgar(se) 45
arrogar(se) 45
arrugar(se) 45
ascender 48
asentar(se) 47
aserrar 47
asestar 47
asir [8] 6
asolar [9] 4 + 25
atacar 15
atañer [4], [16] 5
atardecer [5] 11
atascar(se) 15
ataviar(se) 22
atemorizar 26
atenazar 26
atender 48
atenerse 65
atenuar 9
aterrizar 26
aterrorizar 26
atestiguar 17
atizar 26
atomizar 26
atosigar 45
atracar 15
atraer 67
atrancar 15
atravesar 47
atribuir 24
atronar [5] 25
aullar [6] 55
aunar [6] 55
autodestruirse 24
automatizar 26
autorizar 26
avanzar 26

B

C

D

Q

R

S

T

Anmerkungen

1) **Abolir** ist ein „defektives" Verb: *Presente de subjuntivo* wird nicht gebraucht, beim *Presente de indicativo* gibt es nur *abolimos, abolid*, als Imperativform nur *abolid*. So auch **agredir, blandir**.
2) Diese Verben, ihre Komposita und Ableitungen haben ein unregelmäßiges Partizip: **abrir:** *abierto*, **cubrir:** *cubierto*, **escribir:** *escrito*, **pudrir:** *podrido*, **romper:** *roto*.
3) Die Bildung des Partizips dieser Verben weicht von der des jeweiligen Konjugationsmusters ab: **absolver:** *absuelto*, **disolver:** *disuelto*, **freír:** *freído* und *frito*, **morir:** *muerto*, **resolver:** *resuelto*, **volver:** *vuelto*.
4) Bei diesen Verben werden nur die 3. Person Singular und Plural konjugiert.
5) Bei diesen Verben, von denen die meisten mit dem Wetter zu tun haben, wird nur die 3. Person Singular konjugiert.
6) Diese Verben unterscheiden sich durch ihren Akzent von dem angegebenen Konjugationsmuster, so z. B. *aísla, enraíza…*
7) **Apostar** hat im Spanischen zwei Bedeutungen: „aufstellen" und „wetten". In der Bedeutung von „wetten" ist es unregelmäßig wie **contar**.
8) *Presente de subjuntivo* dieses nicht sehr gebräuchlichen Verbs heißt *asga, asgas…*, die 1. Person des *Presente de indicativo* heißt *asgo*, die bejahten Formen des Imperativs *asga, asgamos, asgan* und die verneinten Formen des Imperativs *no asga…*
9) In der Bedeutung von „ausdörren" ist **asolar** regelmäßig, wenn aber „verwüsten" gemeint ist, wird es wie **contar** konjugiert.
10) Bei **balbucir** werden nur die Formen konjugiert, die ein **-i-** in der Endung enthalten.
11) Bei **bruñir** und **gruñir** sind *Gerundio (bruñendo)*, *Indefinido (bruñó, bruñeron)* und *Imperfecto de subjuntivo (bruñera / bruñese…)* unregelmäßig.
12) Bei **bullir, escabullirse** usw. sind *Gerundio (bullendo)*, *Indefinido (bulló, bulleron)* und *Imperfecto de subjuntivo (bullera / bullese…)* unregelmäßig.
13) Bei Formen von **delinquir**, deren Endung mit **-a** oder **-o** beginnt, gilt: **-qu-** → **-c-**, also: *delinco (Presente de indicativo), delinca (Presente de subjuntivo), no delincan (Imperativo)…*
14) Bei **errar** wird das **i-** des Diphthongs **ie-** durch **y-** ersetzt: *yerro, yerras…*
15) **Proveer** hat zwei Partizipien: *proveído* und *provisto*.
16) *Gerundio (tañendo), Indefinido (tañó, tañeron)* und *Imperfecto de subjuntivo (tañera / tañese…)* weisen eine kleine Unregelmäßigkeit auf.